学以致用的教师阅读

王春易 —— 主编

中国人民大学出版社
·北京·

目 录

总 论　教师阅读"用"为先

一、教师阅读存在的问题　/1
1. 阅读的随意性　/1
2. 阅读的碎片化　/2

二、教师阅读要立足实践　/3
1. 立足课堂教学改革重点选择阅读书目　/3
2. 基于课堂教学痛点确定阅读方案　/7
3. 针对教育理念不易落地的难点输出阅读成果　/8

第一辑　关于学习的一种实用性框架

【全书导读】从"学习的维度"进行教学自检　/13
一、"学习的维度"提供了一个关于学习过程的模型　/14
二、"学习的维度"提供了教学的设计框架和策略　/15

学以致用 ❶　师生共建学习任务，帮助学生建立积极的学习态度

一、提供真实且具有挑战性的学习任务　/22
二、创造师生共同讨论学习任务的机会　/23

三、公布构建学习任务的具体要求 / 24

四、提供制定学习任务的工具和脚手架 / 24

五、针对学生的兴趣点，与学生共同制定学习任务 / 26

学以致用 ❷ 不同的知识类型，不同的学习策略

一、知识的获取离不开精准的学情分析 / 27

二、仅靠"陈述"，无法真正获得陈述性知识 / 29

三、学习程序性知识，要有"程序" / 31

学以致用 ❸ 培养学生的思维能力，我们能做些什么

一、学生常常忽略结论成立的条件 / 34

二、演绎推理能力不足阻碍学生的思维 / 35

三、用"三清法"帮助学生学会演绎推理 / 35

四、操作误区 / 38

学以致用 ❹ 噢，原来知识应该这样用！

一、学生到底在关心什么 / 40

二、师生共同构建推理性的学习任务 / 41

学以致用 ❺ 培养学生良好的思维习惯有"法"可依

一、良好的思维习惯与良好的学习习惯一样重要 / 45

二、培养良好的思维习惯有"法"可依 / 45

三、培养学生良好思维习惯的实例 / 47

第二辑　最大程度地促进学习

【全书导读】可见的学习：最大程度地促进学习 / 53
  一、教师的作用最重要 / 54
  二、要让学生的学习"可见" / 54
  三、用八个心智框架反思教学行为 / 58

学以致用 ❶ 从备课开始，让学习过程"可见"
  一、备课不能闭门造车 / 60
  二、备课要为学习顺利而有效地发生做准备 / 61
  三、备课要帮助学生成为自我学习的支持者 / 62

学以致用 ❷ 在每个学生"当前水平+1"的层级上教与学
  一、根据学习的不同阶段，实施有效分组 / 65
  二、分组设计不同的学习任务，实现学生的"当前水平+1" / 67

学以致用 ❸ 抛弃标签，帮助学生超越潜能
  一、学生的能力是不断发展的 / 70
  二、多角度、高维度审视学生 / 72
  三、如何更好地了解学生 / 73

学以致用 ❹ 设计挑战性任务，促进教与学的双向可见
  一、什么是"学习" / 75

二、要让学习过程可见 /76

三、设计挑战性任务，确保教与学"双向可见" /77

学以致用 ❺ 身处困境中的学生需要有效反馈

一、反馈的四个水平 /80

二、表扬没有好处 /81

三、反馈可以解决的三个问题 /82

四、好的反馈能够带来更大的信心和投入 /83

五、反馈的频率 /83

六、反馈让失败成为学习的动力 /84

学以致用 ❻ "热忱和灵慧"：教师的新境界

一、教师是学生情绪的调控者 /85

二、教师是学习过程的指导者 /86

三、教师是学习资源的链接者 /88

第三辑　帮助学生看见每天学习的意义

【全书导读】聚焦学习目标：帮助学生看见每天学习的意义 /93

一、学习目标的内容与特点 /94

二、理解性表现与成功标准 /95

三、学习目标与自我评估、差异化教学 /96

学以致用 ❶ 如何良好地陈述学习目标

一、陈述学习目标必不可少 / 100

二、陈述学习目标的三种方法 / 101

三、陈述学习目标的误区 / 103

学以致用 ❷ 与学生一起分享学习目标

一、分享学习目标的环节常常被教师忽略 / 105

二、分享学习目标的"三个方面" / 106

三、分享学习目标的方式 / 108

学以致用 ❸ 戏剧课程学习目标的再思考

一、戏剧教学困扰我的问题 / 110

二、设置开放性学习目标 / 111

三、结合学生的实际，设计学习任务 / 112

学以致用 ❹ 基于学习目标的评估让学习真实发生

一、运用形成性学习环培养具备自我评估能力的学生 / 115

二、利用三个引导性问题支持学生进行自我评估 / 116

三、设计外显的评估方式实现学习目标 / 118

学以致用 ❺ 使用学习目标开展差异化教学

一、学习目标是差异化教学规划的核心 / 120

二、扩展规划模式是差异化教学的新航路　/ 121

第四辑　通向理解之门的学习

【全书导读】逆向设计，教学设计的新思维　/ 127
一、何为逆向设计　/ 128
二、逆向设计的三个阶段　/ 129

学以致用❶　在大单元中实现可迁移的持久理解

一、我们要追求怎样的理解　/ 134
二、如何实现可迁移的持久理解　/ 135

学以致用❷　通向理解之门的基本问题

一、什么样的问题是基本问题　/ 139
二、是什么使一个问题成为基本问题　/ 140

学以致用❸　关于"理解六侧面"的探究

一、什么是"理解六侧面"　/ 144
二、理解六侧面之间是什么关系　/ 145
三、如何使用理解六侧面设计教学活动　/ 146
四、如何使用理解六侧面评估学生的理解程度　/ 147

学以致用 ④ 站在评估员的角度看课堂教学

一、你真的考虑过评估吗 / 150

二、评估的重要性不言而喻 / 150

三、评估的类型有哪些 / 152

四、使用 GRASPS 架构表现性任务进行评估 / 153

学以致用 ⑤ 从"教员"到"评估员"

一、评估为什么要前置 / 155

二、前置的评估要紧扣学习目标 / 156

三、表现性任务是重要的评估方式 / 156

学以致用 ⑥ WHERETO 教学设计工具的解读与实践

一、基于理解的教学设计的特点 / 160

二、基于理解的教学设计工具 / 160

学以致用 ⑦ "逆向设计"框架下的学习活动设计

一、学习活动要紧扣教学目标 / 165

二、学习活动要表现出评估证据 / 166

三、学习活动要有效组织 / 167

学以致用 ⑧ 立足核心素养设计学习目标

一、学习目标从知识获取提升到知识应用 / 170

二、适切的学习任务是教学设计的关键 / 171

三、在真实任务的学习中达成素养目标 / 171

第五辑　用量规助力学生学习

【全书导读】手中有量规，评估方向明 / 177

一、什么是量规 / 178

二、各章核心要点 / 181

三、关于量规的新知识 / 182

学以致用 ❶　用量规助力学生学习

一、你了解量规吗 / 183

二、如何设计量规 / 185

三、使用量规应注意的事项 / 189

学以致用 ❷　如何编制和使用量规

一、教学中为什么要引入量规 / 191

二、量规比传统的打分制好在哪里 / 192

三、如何制定量规 / 192

学以致用 ❸　针对大项目课程的量规编写方法与使用误区

一、大项目课程的量规编写方法 / 195

二、解析型量规及其使用误区 / 197

三、一般量规及其使用误区　/ 198

学以致用 ❹ 利用量规在语文教学中进行形成性评估的实践

一、通过学习量规,实现形成性评估　/ 200

二、通过制定量规,实现形成性评估　/ 203

学以致用 ❺ 巧用量规,攻克"硬骨头"

一、对量规的新认识　/ 206

二、用量规攻克"硬骨头"　/ 207

三、使用量规的实践误区　/ 210

参考文献 / 211

后　记 / 213

总论　教师阅读"用"为先

读书贵在有法。教师阅读更是如此。因为它与教师的专业成长相关，关乎教育教学的质量。

教师阅读不同于一般的浏览、泛读，不能简单随意。学校在开展教师阅读时，从阅读书目的选择，到阅读过程的组织，乃至阅读成果的梳理，都需要系统思考。

立足教育教学的实际问题、立足课堂实践，是思考教师阅读的一个重要切入点。

教师阅读的本质是"用书"，要用书中的思想、观点、策略、方法去解决教育教学中的真实问题，去改善课堂文化，提高教师的教育教学水平，提升教育教学质量。

"学以致用"是教师阅读的真谛。

一、教师阅读存在的问题

目前，教师的专业阅读有两个现象不容回避。一个是阅读的随意性，一个是阅读的碎片化。

1. 阅读的随意性

阅读的随意性表现为阅读的目标性不强。阅读时没有聚焦当前教育教学改革的重点，没有聚焦自己课堂教学中的真实问题，没有聚焦课堂教学的真正痛点，没有带着自己的问题。

往往是新出了哪本书读哪本，学校推荐哪本书读哪本，或者自己喜欢哪本书读哪本。至于这本书是不是自己当下最需要的、是不是能解决自己课堂中的问题，则没有过多思考。即使学校组织了读书交流，往往也是聚焦图书本身，对书中的观点进行解读，坐而论道，而没有与课堂中的真实问题建立连接。

这样的阅读可能会让教师获得一些知识，却不一定处在教师专业发展的"最近发展区"。这样的阅读不容易与教师的已有认知产生冲突，很难产生好的阅读效果。

2. 阅读的碎片化

阅读的碎片化表现为利用短暂、不连续的时间阅读少量的文本，阅读是断断续续进行的。

这样的阅读与我们不断加快的生活节奏有关。其最大问题是，教师很难了解图书的整体性和系统性，不容易对所读内容进行深度思考，更难结合自己的教学实际进行深度反思。

这样的阅读使教师获得了一堆碎片化的信息，教师似乎什么都知道，但由于缺乏对阅读内容内在逻辑的梳理，同样很难在课堂上加以实践。

上述两种阅读，从知识输入来看，似乎没有问题。但是，阅读从来就不是单向的信息输入。教师教育教学水平的提升、专业能力的增长离不开教学实践，更离不开实践后的反思，这样的阅读与实践的关联性不强，容易形成读归读、用归用的局面。

这也就不难解释，为什么很多时候教师阅读搞得轰轰烈烈，但回到课堂，不少教师依旧一言堂，没有给学生体验的机会；有的课堂依旧是简单问题满堂问，没有学生的自主参与，没有学生的深度探究。

这让我们反思：书中所倡导的先进教育理念到哪里去了？书中所提供的思想、方法为什么没有转变为课堂上的现实？教师阅读应该如何开展？如何才能让教师阅读更好地助力教师的专业成长，助力教育教学质量的提升？

二、教师阅读要立足实践

教师阅读要立足实践，就是提示教师：要将阅读与自己的教育教学工作，特别是课堂教学实践紧密结合起来，要带着自己教育教学中的问题去阅读，带着课堂上的困惑、痛点去阅读。

这样，教师就会不断反思自己的教育教学工作，反思自己的课堂，就会不断查找自己课堂中的问题，寻找痛点和难点，然后到书中去寻找解决问题的方案，继而将书中提供的方法和路径运用到课堂实践中，将先进的教育理念运用于课堂教学。这样就将阅读内容与课堂教学建立了连接，就将阅读与解决教学中的问题建立了联系，从而为提升课堂教学质量，更好地实现育人目标提供保证。

教师阅读强调实践，必然会带来实践后的反思。反思的过程又会促进教师对阅读内容进行深入思考，对以往经验重新加以甄别，对如何创设学习环境、应该使用哪些教学方法、如何开展有效教学等问题有更清楚的认知。也就是说，教师在阅读—实践—反思的不断迭代中，会不断深化对教育教学的理解，不断改进自己的教学行为，形成自己的教学风格，提升自己的教育教学能力，从而实现专业成长，也确保教育教学质量不断提升。

1. 立足课堂教学改革重点选择阅读书目

读书贵在有法，第一法是阅读书目的选择。

每年都有大量新书上市，还有很多历久弥新的教育经典，我们该读哪些书？该给教师推荐哪些书？虽说开卷有益，但学校在组织教师阅读时，对书目的选择应该有准确的定位。

立德树人是教育的根本任务，基础教育高质量发展是当前的核心任务。这些任务落实到一线，改革的重点就是提升教育质量，特别是课堂教学的质量，落实核心素养，减轻学生过重的课业负担，促进学生全面健康地发展。因此，教师阅读就要聚焦这些改革重点：如何立足课堂，上好每一节课？如何在每一节课上，以学生为中心，关注学生的成长和发展，提升学生的综合能力和素养？如何用有效的方式提高教学质量，实现课程育人？

基于上述思考，与大家分享我们选择的五本书：《培育智慧才能：学习的维度教师手册》《可见的学习（教师版）：最大程度地促进学习》《聚焦学习目标：帮助学生看见每天学习的意义》《追求理解的教学设计（第二版）》《如何编制和使用量规：面向形成性评估与评分》。

这五本书都聚焦课堂教学实践，聚焦学生中心，聚焦学生的学习，聚焦课堂教学质量的提高，与我国目前的课程改革、课堂变革所倡导的理念一致，与我们追求的以学生为中心、落实核心素养、提升学生的综合能力追求一致。

而且，这些书的作者都有多年学校工作经历，他们对教育教学有亲身体验，所提供的观点和方法都经历了实证研究，是在多项元分析基础上结合具体案例给出的，每项措施的实施效果都有具体的效应量，对我们教育教学的指导更具实效。

这五本书不仅紧扣课堂实践，而且深入教学的具体环节，对每个具体流程进行深入研究，提供模板，给出策略以及具体的方法和工具。这些都是一线教师特别需要的。

很多时候，教师不缺先进的教育教学理念，他们认同在课堂上应该以学生为中心，应该帮助学生深入理解所学知识，并迁移应用，解决实际问题；他们也知道应该帮助学生看见学习的意义，感受学习的乐趣……但是，具体该如何操作？具体的教学流程是怎样的？这样的教学该如何设计？该怎样评估？实施中应该注意哪些问题？教师在实际操作中总感觉缺少相关模型和框架的支撑，缺乏具体方法和工具的帮助。我们选择这五本书正是为了满足教师所需。

（1）"学习的维度"为教师理解学习提供了新视角

《培育智慧才能：学习的维度教师手册》为教师提供了一个关于课堂教学、关于学生学习的模型，即"学习的维度"。它包括五个方面：态度与感受，获取与整合知识，扩展与精炼知识，有意义地运用知识，良好的思维习惯。

在日常教学中，教师在不同的维度上会有一定的研究和探索，但很少有人将学习的多个维度综合起来考虑，从整体上规划课程，设计教学。而这本书从学习成效出发，将复杂的学习过程提炼为五个学习维度，给教师研究学习提供了一个新视角：学习不是单一的过程，这五个维度不是彼此孤立，而是相互关联的，将五个维度综合起来研究学习过程，设计教学和评估，会更加聚焦学习，从而取得更好的教学成效。

（2）"可见的学习"给教师带来了一整套自我反思的心智框架和检查单

学生的学习是"可见"的吗？如何让学习过程可见？这是很多教师的困惑。《可见的学习（教师版）：最大程度地促进学习》帮助教师解了这个惑。

这本书为教师提供了两个特别有价值的东西，一个是帮助教师反思教育教学的"心智框架"，另一个是帮助教师有效教学的"检查单"。

"心智框架"相对宏观，为教师提供了一种信念：我们是评价者、变革者、适应性学习专家、反馈的追寻者；我们应该参与变革的对话，应对挑战，发展与所有人的信任关系，在错误中看到机遇；我们要热衷于传递这样的信息——"学习的力量、学习的乐趣以及我们对学习产生的影响"。

"检查单"则微观、具体，从"备课""开始上课""课的流程：学习""课的流程：反馈""结课"等方面为教师提供具体策略和方法。"检查单"不是勾选"是"或者"否"，而是回应教师在每个教学环节中的困惑，为教师解决问题提供指南，是一个实践手册。

（3）"学习目标"让教师重新反思自己的教学目标

没有想清楚目标就开始行动，似乎是一件非常可笑的事。然而，在教师日常的教学设计中，这样的情况却并不罕见。即使在教学设计中写下了教学目标，其表述也往往很抽象，很笼统，学生既看不懂，也不理解。学生不知道教学目标是什么，不知道该学什么，不知道该怎样做，那么如何学习呢？

《聚焦学习目标：帮助学生看见每天学习的意义》深入教学设计的具体内容，针对"学习目标"展开深入细致的分析和挖掘。书中不仅定义了什么是学习目标，还提供了如何陈述学习目标、如何分享学习目标的具体策略和方法，提示教师如何通过学习目标促进学生的学习和反思。

从本质上讲，这本书重新定义了课堂上的学习方式，引导教师重新思考：什么是学生的学习？应该用什么作为学生成绩的证据？

（4）"逆向设计"为教师提供了教学设计的新模板

《追求理解的教学设计（第二版）》直接指出，教师在教学设计上存在两个误区，一个是灌输式的教学设计，另一个是活动导向的教学设计。

这两种教学设计都背离了当前基础教育改革的中心，没有为学生提供充分的学习体验，没有以提高学生的综合能力和素养为结果导向。

如何改进目前的教学现状呢？书中提供了一个"逆向设计"的模板，帮助教师重新思考什么是理解、什么叫为理解而教，这为教师打开了通往理解教学设计的大门。

"逆向设计"给教师的重要启示是，以终为始，结果导向。教师在进行教学设计时不能盲目地根据教材内容开展教学，不能一味地创新教学活动，而要想清楚学生要学习什么、预期结果是什么、要追求怎样的理解、如何评估学生是否实现了这样的理解。

（5）"量规"不是教师为学生打分的评价表

什么是"量规"？它与评价量表有什么区别？实践中它常常被误解，甚至被误用。

《如何编制和使用量规：面向形成性评估与评分》告诉我们，"量规"不同于一般的评价工具，不是教师为学生打分的评价表，而是用于学生学习，帮助学生更好地学习的。它可以帮助学生有效地参与到学习过程中，引导学生进行自我评估，为生生之间的互评提供支架。当然，教师也可将之用于课堂，开展更加有效的评估，从而更好地促进教师的教和学生的学。

2. 基于课堂教学痛点确定阅读方案

读书贵在有法，第二法是阅读方案的确定。

针对目前教师专业阅读方面存在的误区，学校在组织教师阅读时应特别重视以下两个策略。

一个是明确阅读目标。教师阅读应紧紧围绕课堂教学的痛点展开，组织阅读就是为了提升课堂教学质量，为了解决课堂上困扰教师的教学痛点、难点问题。这样能极大地激发教师解决问题的积极性、阅读的自觉性。

另一个是注重阅读的系统性。应给予教师比较充分的时间，使其针对具体问题展开深入、细致的系统阅读。应帮助教师在整体上理解学习过程的复杂性和综合性，希望教师在进行教学设计时能有系统思考。可参考以下方法。

（1）由学科组推荐阅读人

解决课堂教学的痛点、难点，具有一定的挑战性。应该由谁来啃这些硬骨头？我们的做法是请学科组推荐。每个学科组推荐一两名教师参加学校的阅读团队，大家一起攻坚克难。这样做，一方面可以促进学科组对课堂教学的反思。经过反思，围绕教师的教和学生的学梳理出的问题会更加聚焦，更有代表性。另一方面，被推荐的阅读人往往具有更强的责任意识和荣誉感。而且阅读人可以随时向学科组提供阅读与实践的反馈，并得到学科组的更多鼓励和支持，促进学科教学研究的不断深入。

（2）组建跨学科阅读团队

学科组推荐出阅读人后，如何组建阅读团队呢？我们采取跨学科组合的方式。在课堂教学转型的过程中，在从教到学转变的过程中，我们发现跨学科阅读、跨学科研讨更容易聚焦学生中心，更容易围绕学生学习展开研讨。同一学科或者相近学科的教师在一起，特别容易回到学科体系，容易就具体知识点展开研究。而跨学科研究时，老师们会更多地转向学生，转向学生的学习。

（3）变读书沙龙为教学现场

所选五本书的作者，都是国际上有影响力的课程与教学专家。这些书的内容非常丰富，书中还有一些特定的概念和术语，系统阅读并内化书的内容并不容易。即使这样，在阅读过程中我们也不设领读人，每位教师都是阅读的主人，都要基于自己教学的痛点、难点展开阅读。阅读的目的不是只了解书的内容，而是解决自己课堂上的问题，提升课堂教学的质量。

所以，我们将读书沙龙转变为教学现场。每次进行阶段性分享时，都会回到课堂上，回到真实的教学场景中：要解决什么问题？可以应用书中哪些方法和工具？如何实施？改进的效果如何？是否可以进一步优化？在这一过程中，教师经过实战演练，积累了很多案例，教学改进的轨迹清晰可见。

3. 针对教育理念不易落地的难点输出阅读成果

读书贵在有法，第三法是阅读成果的输出。

当前，我国基础教育改革进入新阶段，大力发展学生核心素养，新课程、新教材正在深入实施。在这一过程中，如何在课堂上落实核心素养，让先进的教育理念落地显得特别重要。此时，教师阅读需要什么样的成果导向也值得我们思考。读书心得、科研论文固然重要，但我们更需要教师通过阅读改进课堂教学的实践成果。

在整个阅读过程中，我们都在引导教师不断输出自己在课堂上的实践探索，包括教学设计后的说课，基于解决痛点、突破难点的微课，呈现师生互动的课堂实录，针对同一内容的持续改进课，以及市区级的研究课、公开课，等等。在北京十一学校，落实核心素养，要说出如何做；以学生为中心，要讲出具体方法；促进学生有效学习，要列出所用工具。

本书呈现的 29 个案例，全部来自北京十一学校教师的实践探索，涉及语文、数学、英语、物理、化学、生物、政治、历史、地理、艺术、技术、体育、多语种 13 个学科。在每一篇案例中，都会读到以下内容。

（1）似曾相识的老问题

为什么反复讲解的内容，学生还是出错？为什么精心设计的活动，学生不感兴趣？如何让学生了解学习目标？怎样基于大概念进行教学？学生自主学习如何有效开展？怎样向学生提供有效的反馈？如何评估学生真正理解、学会了？……这些似曾相识的问题，困扰着很多教师。

阅读让这些问题得到反思，让这些问题重新鲜活起来。

（2）所读之书提供的新认知

上述问题在课堂转型过程中变得愈发突出，说明我们原有的经验、过去的方法面临挑战。如何攻坚克难，让教育理念在课堂上落地，在每节课上实现课程育人？此时需要学习新知识、新方法，需要从书中获得新智慧。

每本书都由一名教师从整本书的角度向大家呈现书中的教学研究成果（包括教学思想、理念），新研发的模型、框架，以及针对具体教学环节提供的策略、方法、工具，乃至理解误区、实践注意事项，等等。

案例中，不同学科的教师结合教学中的具体问题，与大家分享阅读带来的新认知、新启发；针对具体内容，呈现作者提供的策略和方法，为读者打开关于学生学习、关于课堂教学的新思路。

（3）课堂教学的新做法

特别难能可贵的是，在每个案例中，教师不仅呈现了所读之书中的观点和方法，而且分享了自己在课堂上的新尝试、新做法。这些新的探索包括单元的整合、学科大概念的确立、教学目标的制定、学习目标的陈述与分享、如何进行有效反馈、如何培养思维能力、如何设计有挑战性的学习任务、如何编写量规、如何实施个别化教学、如何开展小组合作、如何进行有意义的知识应用，等等。

阅读每一个案例，仿佛回到了日常的工作现场：备课、上课、辅导、教研。虽然不同的学校和学生各具特点，但在课堂上落实核心素养的目标是一致的，教学设计的基本环节是相同的，课堂教学的大致流程也是相似的。

相信这些来自课堂的真实声音，会带来更多教学反思，会凝聚更多课堂探索，会汇集更强的阅读力量。

》王春易

第一辑

关于学习的一种实用性框架

| 全书导读 | 从"学习的维度"进行教学自检 |

> 《培育智慧才能：学习的维度教师手册》
>
> 罗伯特·J. 马扎诺
>
> 黛布拉·J. 皮克林　　著
>
> 盛群力　何晔　张慧　杭秀　译
>
> 福建教育出版社

学习不仅仅是"记住一些东西"。

罗伯特·马扎诺博士在《培育智慧才能：学习的维度教师手册》（以下简称《培育智慧才能》）中认为，学习是一套复杂的互动过程，涉及五种维度的思维，分别是态度与感受、获取与整合知识、扩展与精炼知识、有意义地运用知识以及良好的思维习惯。这五种思维在学习实践过程中相互影响，相互作用。

从上述视角重新审视学习，我们就会意识到，教学不应该是向学生灌输知识，而应该是引导学生将知识与思维发展结合起来，去发现、理解和创造新事物。《培育智慧才能》可以帮助我们聚焦学习过程，重新理解"学习"，让我们知道学习不能停留在一个维度上，不能停留在对学习内容的检索和提取上，而是要从多个维度全面地探查学习。可以说，这本书帮助我们提供了理解学习过程的新视角。

《培育智慧才能》全书共六章，前五章分别解说了五个学习维度的含义与对应的教学策略，最后用一个单元设计将五个维度综合起来。

整本书行文流畅，可以从前往后一页不落地阅读，也可以锁定自己关注的问题阅读。全书始终切合我们的日常教学与生活经验，这就使得阅读过程仿佛是在和同事沟通、分享心得。

一、"学习的维度"提供了一个关于学习过程的模型

"学习的维度"是一个综合性的基本概念，是对学习过程的界定。学习的五大维度，对取得学习成果非常重要。

维度一：态度与感受。这一维度带有极强的情感色彩，是保证学生投入学习的前提条件。因此，在课堂上，教师要坚持不懈地让所有学生都感受到被团队接纳，同时激发他们的安全感和参与感；让学生感受到学习任务的重要性，让学生有动力完成任务。

维度二：获取与整合知识。信息时代，教师需要指导学生如何将新知识与他们已掌握的素材紧密联系起来，对新信息进行组织，高效提取，并使其转化为长时记忆。

维度三：扩展与精炼知识。只有当学生深入理解重要知识时，学习才是最有效的。为了帮助学生持续发展理解力，教师需要结合教学目标，设计可以促进学生理解的评价方式来达到深化知识的效果。

维度四：有意义地运用知识。"获得知识的目的在于有意义地运用知识"，为了使学生在新情境中善用知识，教师教学设计的内容应来自现实生活中真实的问题，并且要提供多种解决策略。

维度五：良好的思维习惯。好的学习习惯可以协助我们降低学习过程中的负担并提高在任何情境中进行学习的能力，良好的思维习惯可以帮助学生应对未来各种各样的情境。教师有责任帮助学生知道什么时候以及为什么要有这样的习惯。

上述五个维度，为我们提供了一个关于学习过程的模型，体现了

"想要学""能学会"与"会学习"三个层次。

①"想要学",主要指向维度一。有效学习建立在学习者已有的认知和思维习惯之上。要确保"想要学",就得具备两个条件:唤起学生努力的态度;学习目标具体,且学生有能力去完成。

②"能学会",主要指向维度二、维度三。要保证"能学会",就必须解决两大难题:帮助学生有效获得陈述性知识与程序性知识;帮助学生"扩展与精炼知识",通过"理解"实现"能学会"。

③"会学习",主要指向维度四、维度五。获得知识的目的是有意义地运用知识。要鉴别是否真的"会学习",就需要关注学生运用综合分析解决问题的能力。"会学习"能检验学生是否真正"能学会",并促发新的"想要学"。

学习的五个维度是一个有机整体:维度二、三、四实现了知识从获取到内化直至灵活应用的过程;而为了可持续地学习,还需要确保所有学习都是基于学习者的态度与感受(维度一)以及良好的思维习惯(维度五)。

二、"学习的维度"提供了教学的设计框架和策略

作为教学的设计框架,"学习的维度"旨在提供一个聚焦学习过程的思考方式,鼓励教师在深入了解这些框架后,结合学生的个性化需求进行教学。与其他有关学习的理论相比,学习维度论强调通过直观观察学生的行为,去探查其背后的心理活动与情感态度。因此,学习维度论提供的各维度的具体指标,可以成为一线教师教学与评价的检查单,并在实践中生成有效指导学习的策略库。

学习的五个维度对学习成效都十分关键,每一个维度都提供了相应的课堂教学策略。比照书中学习维度的模型以及指标,教师可以用自问的方式进行自检,重新审视学习任务,调整学习过程,确保从综合、整体的视角考虑学习过程。

1. 从情感的维度激发学生"想要学"

在学习活动和思维活动中，情绪和感受就像门卫是否让通行一样，告诉我们是否应该继续后续工作。《培育智慧才能》第一章《维度一：态度与感受》，即明确了教师应该通过设计有趣且能吸引学生参与的任务，激励和支持学生去发现学习内容对自己的意义，从而激发学生学习的积极性。

例如，学习主题为古代经典祭文的语文单元，传统的授课方式是一篇一篇去讲解，疏通语句，理解文意。然而，这个单元的学习目标仅仅是理解文本的含义或思想吗？《普通高中语文课程标准（2017年版2020年修订）》使用了"自觉整理""比较和分析""证据支持观点""现代观点"等关键词语来界定单元学习目标，这些词语都聚焦培养学生的学习主动性和思维能力。如果学生只是按部就班地学习这些古代文本，可能会感到陌生，理解起来也会困难，极有可能产生畏难情绪。

那么，如何调动学生学习的主动性，从而使其能够"主动整理"，用"历史眼光"及"现代观点"去比较分析呢？我们可以换一个角度设计教学，不妨从这个单元的核心任务——"请阅读《三国志·武帝纪》以及曹操的代表诗文，并结合当代人张作耀的《曹操传》，深入了解曹操，在其祭日来临之际为其写作一篇祭文"开始，驱动学生通过写作完成"能够从特定角度对历史人物做出合乎逻辑的评价"的单元学习目标。

为了完成这个学习任务，学生首先需要思考曹操在哪些方面被后人不断"引用"。然后将其作为引子，延伸到历史上的其他伟大人物，考察他们是如何推动历史发展的，其共性是什么。这样的问题具有十足的开放性与代入感，能够引发学生深入思考，探究历史对现实的影响。

积极的态度与感受在学生的整个学习链条中都非常重要，它能确保学习行为的主动和深入。关于学习任务的设计与实施，书中提醒我们关注以下内容：学习任务设计能否帮助学生建立与其已有知识经验系统的关联，从而引发学生探索的热情；学习任务的分解和资源脚手架的搭建是否合理，从而保障学生在任务实施过程中的学习信心和耐心；对学习过程的反馈及时与否，能否提供清晰的成功标准，从而帮助学生成为主动的学习者；等等。

2. 从知识整合与精炼的维度帮助学生"能学会"

学习并不是单纯记忆知识，帮助学生获取与整合新知识是为了促进其学习的内化。获取知识不是学习的结束，只有继续扩展与精炼知识，学生才会有更深入的理解。传统的学习记忆方式，比如画重点和反复阅读，对知识点的习得实际效果有限，原因就是这并没有充分激发学习者的思维活动。《培育智慧才能》提供了一系列策略来提高学生思维的参与度。

例如，书中总结了六种组织模式（见图1-1）。学生使用这些组织模式，可以明确知识之间的联系；教师可以通过设计学习内容的组织模式，促进学生提炼、理解所学的知识。

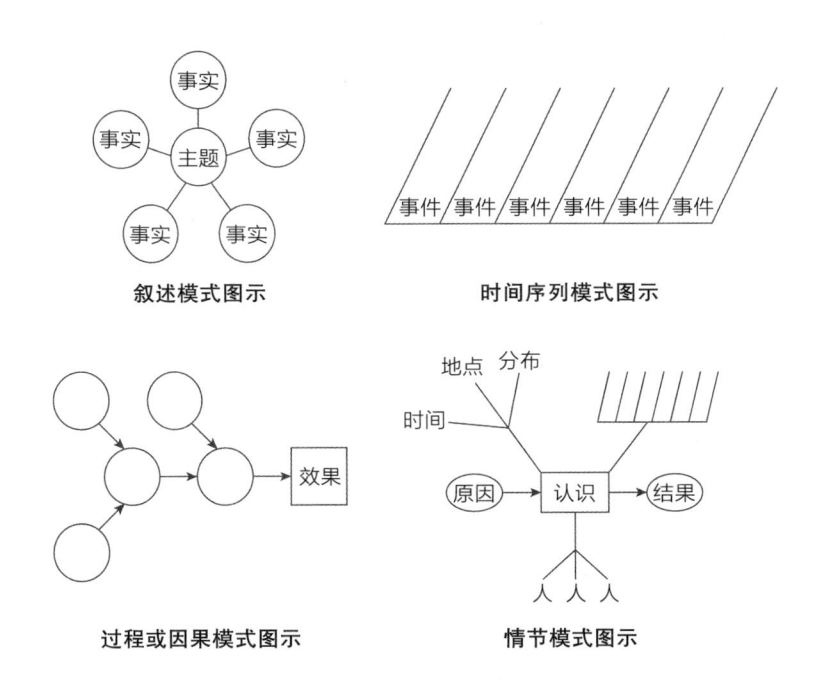

叙述模式图示

时间序列模式图示

过程或因果模式图示

情节模式图示

```
         概括和原理
              ├── 事例
              ├── 事例
              └── 事例
```

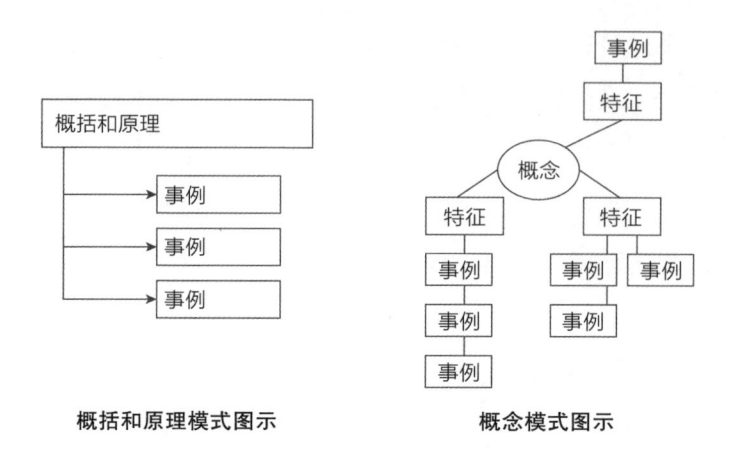

概括和原理模式图示

```
                事例
                 │
                特征
                 │
               概念
              ╱     ╲
           特征      特征
            │        │
           事例    事例  事例
           事例    事例
           事例
```

概念模式图示

图 1-1　六种组织模式的图示

学习并不止于获取与整合知识，学生通过扩展与精炼知识来加深理解，在不同的情境中运用知识，都有赖于运用推理过程来分析已学过的知识。《培育智慧才能》进而介绍了各学科共同的八种推理过程——比较、分类、抽象、归纳推理、演绎推理、提供支持、分析错误、分析观点，帮助学生以严肃的态度分析、思考、批判，从而扩展知识地图，抽取最核心的知识。这样，教师的角色更像一名体育教练——将一个学科专业问题分解为几个关键思维步骤，陪伴、训练学生发展复杂的推理思维过程，激励学生完成学习任务，达成弄清学习过程的"能学会"。

3. 从有意义地运用知识的维度促进学生"会学习"

互联网时代发展至今，学生想要获得知识，只需动动手指搜索、点击即可，那么学生需要教师做什么呢？为知识提供背景环境，"让学生在他们认为是有意义的情境中积极地运用知识"就成了教师的主要工作目标。而最能刺激网络时代学生的，往往是那些跟他们自身联系非常紧密的事物。对他们而言，单单教授"是什么"这类知识是不够的，他们想知道的是"为什么"："为什么这很重要？""为什么我需要知道这些知识?"

在"学习的维度"框架体系中,以下六个方面可以帮助和激励学生去认可所学知识的价值:①决策——设计并依据标准在不同的方案中做出选择;②解决问题——克服达成任务目标途中的限制或障碍;③创见——形成创造性的产品或创新性的流程来满足问题需求;④实验探究——对假设或所观察的事物进行解释并加以检验;⑤调研——收集和研究数据消除模糊观点或对事件提出建议;⑥系统分析——对数据资料进行整体分析,形成完整的认识。教师可以通过上述六个方面设计学习任务,来指导学生有意义地运用知识,从而确保学生"会学习"。

当学生要学的知识明显有应用意义的时候,教师就更容易构建有意义的任务。当知识与学生的生活连接得不那么明显的时候,教师就须想方设法增加知识的意义和知识与学生生活的相关程度。学习维度论指出,学科教师可以通过展示对知识掌握不同程度的评价体系,帮助学生认识到知识存在的意义,从而激发他们内在的学习动力。

例如,生物学科基于校园里两棵桃树落果严重的问题,设计、制定了"拯救那棵桃树,还原校园生态"的学习任务。这就给学生提供了一个真实而且有趣的情境来运用学科知识。

学生或独自,或组成团队开启了寻找桃树落果原因的研究历程。真实的情境和真实的研究课题启动了学生学习的探究系统。在任务探究过程中,学生还需要调动几乎所有已学的研究问题的方法。这种主动学习的视角不仅使学生集中注意力,同时还帮助学生从新视角审视过往的经验,从而增强了学习新知识的动机,认为这个学习任务"值得去做"。

4. 培养学生良好的思维习惯贯穿学习链

学生需要为将来的生活做好准备,因此,必须培养良好的思维习惯。那么,良好的思维习惯,应该如何培养呢?

很多文献仅提供了观点而缺少具体指标，我们很难将其运用到日常教育实践中。我们知道思维习惯的重要性，却很难回答应该如何培养它、它与教学内容又有什么关系。

《培育智慧才能》提出了一个成型的思维能力框架。"学习有方的学生具备优良思维习惯，思维具有批判性、创造性和调节性"，教师可以通过课堂讨论的方式帮助学生理解习惯，通过同伴分享交流的方式帮助学生相互启发，并通过示范、展示等方式创造一种学习氛围来鼓励学生形成创造性、批判性的思维习惯，并给予积极强化。

政治学科在处理"国家利益是处理国际关系的决定性因素"这一内容时，结合社会热点以及学生爱刷朋友圈的实际生活状态，重构了学习单元——"中国的朋友圈有多大"，并设计了学习任务——"绘制中国朋友圈亲疏关系图并配以说明书"。

在学习过程中，借助多种资源、多种沟通反馈方式，合理规划、监控学习进程，学生更有意义、更深刻地了解了当代的国际形势，也促进了思维的发展。

总之，《培育智慧才能》中的很多策略，可谓有关学习的支持清单，支持了我们一直践行的经典教学方式；同时，对聚焦"教"而回避"学"的教学方式也提出了更加丰富完整的反思诊断单。

通过这本书，我们更深切地意识到，学会如何学习是关键能力。学习者如果学会了如何学习，未来就可以学习任何事物。

作为教师，我们需要立足培养学生的学习能力和必备品格，用更科学的教育教学形态，支持学生学习，帮助学生学会学习。

》廖丽娜

> 学以致用 ❶

师生共建学习任务，帮助学生建立积极的学习态度

《培育智慧才能》指出，学习有五大维度，其中"态度与感受"（维度一）是所有学习的基石。和其他四个维度相比，维度一为什么这么重要呢？因为消极的态度与感受会导致学习效率低下，积极的态度与感受能促进学生学习。

作为教师，我们虽然知道一些调动学生学习积极性的做法，但往往无法持续使学生积极主动地学习。我们对学生态度与感受的关注往往是阶段性的，没有贯穿学生学习的始终。例如，在每节课的导入环节能够激发学生的学习兴趣，而在后续环节则容易忽略这件事，于是，学生逐渐失去兴趣。

"态度与感受"这一维度包括两方面的内容，一是帮助学生发展对课堂气氛的积极态度与感受，二是帮助学生发展对课堂任务的积极态度与感受。课堂任务是学习课堂内容和实现学习目标的重要载体，只有对课堂任务感兴趣，学生才能积极投入、主动地学。

那么，怎样才能使学生对课堂任务形成积极的态度与感受呢？书中给出了三条策略。

①感受到任务的价值和旨趣。

②相信学生有能力和资源完成任务。

③理解并明确任务。

书中将每条策略又拆解成了若干条行之有效的具体方法。这些方法我在课上都在用，只是有待优化和提升。于是，我有意识地将书中的部分策略和方法与自己的通用技术课堂结合起来，进行了一个学期的实践。学生的学习效果及课堂气氛有了很大改观。根据实践经验，我总结了五个具体可行的做法，它们与书中策略的关系如表1-1所示。

表 1-1　建立积极的态度与感受做法的对比

书中的策略		我的具体做法
一、感受到任务的价值和旨趣	1. 建立学习信任感	1. 提供真实且具有挑战性的学习任务
	2. 帮助学生理解某一具体知识的价值	
	3. 运用多种方式帮助学生积极参与课堂学习任务	2. 创造师生共同讨论学习任务的机会
	4. 创建与学生兴趣和目标相联系的任务	
二、相信学生有能力和资源完成任务	1. 提供适当的反馈	3. 公布构建学习任务的具体要求
	2. 帮助学生运用积极的自我交谈	
	3. 让学生意识到他们有能力完成一个特定的任务	4. 提供制定学习任务的工具和脚手架
	4. 帮助学生相信自己有能力完成任务,包括获得帮助和必要资源的能力	
三、理解并明确任务	1. 帮助学生明确任务的方向和要求	5. 针对学生的兴趣点,与学生共同制定学习任务
	2. 帮助学生明确任务所要求的具体知识	
	3. 提供学生有关任务掌握水平的清晰期望	

一、提供真实且具有挑战性的学习任务

通用技术课程以设计学习和操作实践为主要特征,是以解决真实技术问题为目标的学习。为学生布置本学期的大任务前,我会考虑任务的主题是否贴近学生的生活。只有把学习任务与学生间的距离拉近,才容易使学生产生共鸣,才容易获得学生的价值认同,才容易激

发学生的学习兴趣。

例如，一个为期约 10 课时的大任务，学习目标为综合应用课上所学的知识、技能，解决生活中真实存在的一个技术问题，或满足某类人群的需求。我引导学生关注身边的人和事，注意观察生活，关心他人所需：是否可以为同学设计制作一个减压玩具，是否可以设计制作一个小灯，是否可以为自己的弟弟、妹妹设计制作一款益智玩具，是否可以为其他学科的老师设计制作一个实物教具，等等。这些需求是学生在学习、生活中感受得到的。同时，还引导学生换位思考，从身边人的角度思考他们遇到的困难，以培养学生主动关心他人的品德。

这样，学生需要完成的任务不仅真实，而且有趣，在任务导入阶段就能激发学生的学习兴趣，而且使学生在完成任务期间始终保持较高的积极性，能够主动地学。教师从之前的"推"着学生学变为"引"着学生学，上课轻松了许多。

二、创造师生共同讨论学习任务的机会

设计任务时，我为学生提供了自主制定任务的机会。学生的自主参与，为师生共同讨论学习任务创造了机会。通过师生对话，教师能深入了解学生，摸清学情；学生能深入了解课程，从而建立价值认同。在发布学期的大任务时，在讲解该学段需达到的目标后，我让学生畅所欲言，说出自己想做的项目。然后，再结合任务要求、硬件资源、任务难度、完成时间等与学生共同打磨他们自主提出的项目，使其由"不可能完成"逐渐转变成"很有可能完成"。

例如，有一组学生是数学竞赛选手，他们想设计制作一款用于博弈的棋。我与他们讨论了可行性，提出了明确的任务要求。该组学生开始动手后，连续几节课他们都知道该干什么，没有出现拖沓和走过场的现象。

教师把制定学习任务的权力下放给学生后，学生就能够形成学习的主人翁心态，能够主动思考学习的价值，从而建立起积极的态度与感受。

三、公布构建学习任务的具体要求

与学生共同构建学习任务时，教师要向学生公布构建学习任务的具体要求。该要求应考虑学情、学时、资源等，让学生理解什么样的学习任务是符合要求的（见表1-2）。此外，该要求也应指向任务的终结性评价标准，因为二者都是为了实现学习目标。

表1-2　自主制定学习任务的要求

基本要求	能够解决生活中的某个问题或满足某种需求，个人或小组能够胜任
学时要求	能在5次课内完成
资源要求	可使用木工或3D打印工艺相关的材料和工具，个性化需求可与教师协商解决
成本要求	作品总成本不超过50元

清晰、易懂的要求能够让学生相信自己有能力完成任务，能够帮助学生明确任务的方向，能够让学生在完成任务期间遇到困难时有针对性地寻求帮助。

四、提供制定学习任务的工具和脚手架

为了帮助学生在自主制定学习任务时明确任务的"好坏"，我为学生提供了制定学习任务的工具和脚手架。

例如，为学生提供了任务的评价量规（见表1-3），从任务的承

载力、胜任力、挑战性三个维度细化评价指标。

表1-3 任务的评价量规

	优秀	良好	一般
承载力	能够承载单元的全部学习目标	能够承载单元的大部分学习目标，少许无法承载	不能承载单元的大部分学习目标
胜任力	在教师的指导下，凭借个人或团队的力量能够在有限的学时内完成	在教师的指导下，凭借个人或团队的力量能够在有限的学时内完成大部分内容，少部分需教师辅助	在教师的指导下，无法在有限的学时内完成，远远超出个人或团队的胜任力
挑战性	任务对个人或团队来说有一定的挑战性，在个人或团队的努力下能够完成	任务对个人或团队来说没有挑战性，能够轻松完成	任务对个人或团队来说具有很大的挑战性，在当前学段内无法完成

学生提出的任务是否适合本单元的学习，通过量规即可自我校准。承载力是任务能否承载单元学习目标，能否达成学习目标的重要保证。胜任力可解释为任务的难度与工作量的多少，也就是任务是否适合该年龄段的学生去完成。有些学生提出的任务是天马行空的。例如，有学生提出想在课上设计制作一个赛车游戏用的驾驶舱，该任务在课上有限的时间与资源约束下，几乎不可能完成。挑战性是对任务难度的平衡，在学生个人能力与认知基础不一的情况下，任务难度太高，学生够不着，容易产生挫败感，从而失去对学习任务的兴趣；任务难度太低，则达不到提升学生学科素养的目的。只有存在于每个学生"最近发展区"的那些任务才是合适的。因此，对学生个体来说，学习任务要有一定的挑战性。

除了提供制定任务的量规，我还提供了学习表现量规，并从团队协作、操作规范、劳动习惯等维度进行分级细化。

为了保障任务顺利进行，我还为学生提供了学案，将任务逐步分解，由浅入深，让学生更容易上手，同时还能记录学生学习的过程。在学案里，我按照设计制作一个技术课作品的流程逐步呈现学习任务，学生将学案填写完整后，单元学习也就完成了。

一个好的量规能够帮助学生明确当前的学习状态，知道改进的方向，知道教师期望的标准。学生在填写学案的过程中，能够了解完成该学习任务需要运用的知识，从而对学习任务形成积极的感受。

五、针对学生的兴趣点，与学生共同制定学习任务

学生存在个性化差异，因此兴趣点也千差万别。教师可使学生的兴趣体现在个性化的学习任务中。

例如，我在课上与学生共同讨论任务主题时，了解到有的学生课下喜欢玩指尖陀螺减压玩具，就引导他为同学设计制作了一款，并作为生日礼物送给同学。了解到有的学生对地理课感兴趣，正巧高一年级在学习太阳在地球上直射点变化的内容，教师对此教学难点有教具需求，我就引导学生组成研究小组，使用课上学习到的三维建模与3D打印技术为地理老师设计制作了一款教具。了解到有的学生对中国古典园林中的亭子感兴趣，我就引导她以亭子为主题，设计制作了一款亭子小夜灯。了解到有的学生对益智玩具感兴趣，我就引导他在网上查找资料，自主设计制作了一款双人对战的数字华容道。有的学生选修了日语课，正好新建的日语教室需要布置，我就引导该学生为日语教室设计制作了一款日语主题钟表送给老师。

通过搜集学生的兴趣点，一方面，能够拉近师生间的距离，使学生感受到老师的关心，从而形成对课程内容的学习兴趣；另一方面，能够使学生了解学习的价值，更加愿意投入学习中。

》王磊

> 学以致用 ❷

不同的知识类型，不同的学习策略

《培育智慧才能》指出，学习有五大维度，其中维度二是"获取与整合知识"。这是教师极为熟悉的内容，也是教师特别看重的内容。在这一部分，不论是关于知识的分类，还是关于如何有效地获取知识，作者都给出了很多新认识。

书中将知识分为两类：一类是陈述性知识，即有关事实、概念和概括的信息；另一类是程序性知识，这类知识需要经历一系列步骤、采取一些行动，它要求学生展开一个过程或者展示一项技能。

在此基础上，作者指出，不同类型的知识，其学习过程是不同的；不同类型的知识，其学习策略也是不同的。即使同一类型的知识，在不同的学习阶段，也需要不同的学习策略。

阅读了这本书，在相关理论的支持下，我有了新的实践探索。

一、知识的获取离不开精准的学情分析

书中提到，在新知识的学习过程中，教师要指导学生将新知识与他们已经掌握的内容联系起来，对新知识进行组织，并将它们发展为长时记忆。这告诉我们，在设计教学时，学情分析不是可有可无的，只有精准摸清学生已经掌握的内容，基于学生的真实起点，才能更好地帮助学生获取与整合知识。

那么，如何分析学情呢？通常情况下，教师通过课堂诊断和作业反馈来了解学情。例如，某同学方程式书写正确，说明其能够理解题意，掌握了物质的化学性质。但相关的计算都没有做对，说明该生需要进一步理解有关化学计算的方法。

那么，如何更精准地分析学情呢？

我们还采用了对试题进行编码的做法。也就是根据学科能力水平，将试题分类编码，然后对学生进行诊断。通过分析诊断数据，可以比较准确地获得学生对知识的掌握情况，帮助教师实现精准化教学。

我们将学科能力分为基础知识、简单推理、复杂推理、多角度系统推理四级水平（见图1-2），并以此为标准对试题进行编码。

水平1：基础知识
辨识记忆、概括关联

水平3：复杂推理
推论预测、简单设计

水平2：简单推理
分析解释、说明论证

水平4：多角度系统推理
计算应用、系统设计

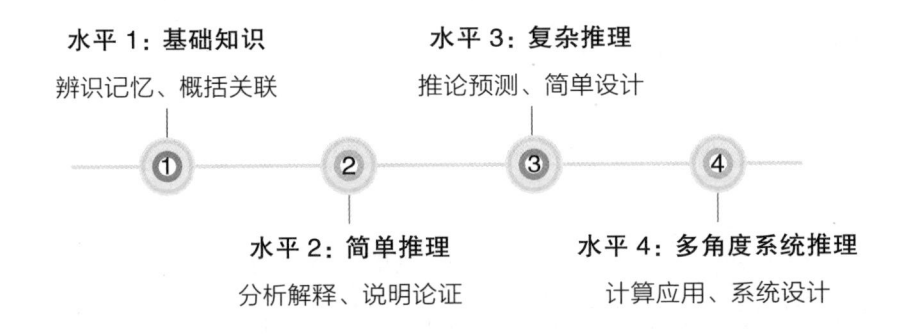

图1-2 化学学科能力的四级水平

教师通过试题编码后的诊断分析，通过关键数据，可以准确发现学生存在的问题和对应的学科内容，从而实现对学生的精准帮扶。

通过这种方法，了解的是学生的知识掌握情况以及能力水平，虽然也可以据此判断学生的思维情况，但学生具体的思维盲点在哪里，却不易察觉。而学生在口头表达、小组讨论时更容易外显其思维过程，便于教师摸清他们的思维特点。因此，我们特别重视给予学生表达的机会，在课堂上搭建多种平台，围绕学生的学习设计教学，让学生充分体验、参与，让师生、生生充分交流、分享，给学生提供展示其思维过程的机会。课下，教师尽可能多与学生交流，在辅导、答疑甚至聊天的过程中，了解他们的思维特点，了解他们的生活经历和经验。

二、仅靠"陈述",无法真正获得陈述性知识

陈述性知识包括学生必须知道或理解的信息。书中指出,这些信息的获得,不能依靠简单的陈述,简单的陈述无法帮助学生真正获得对概念和原理的理解,直接影响其他学习维度,最终影响学生的学习效果。

作者指出,陈述性知识的学习需要经历三个阶段,即意义建构、信息组织和信息存储。这三个不同的阶段,应有不同的学习策略。

1. 意义建构

这是学生学习陈述性知识不容忽视的阶段。也就是说,学生在学习新知识前,通过回忆原有知识,将其与新知识联系起来,为未来的学习做出预测。作者给出了以下几种策略,教师可以用其指导学生学习。

- 三分钟停顿。
- 运用多种感官来接收信息。
- 领会词语的意思。
- 使用 K-W-L 策略[①]。
- 提供机会让学生自己发现新知。
- 互惠教学。

在日常教学中,我们注意实践上述策略,帮助学生进行意义建构,让学生发现所学内容的意义和价值,增加学习的内动力。

---

① K-W-L 策略由美国学者唐娜·奥格尔提出。这是一个帮助学生建构意义的方法。K 指 know,表示学生"已经知道什么";W 指 want,表示学生"想要知道什么";L 指 learn,表示学生"刚刚学到什么"。

例如，在学习物质性质、速率、平衡等概念性知识时，我们不会平铺直叙地解释、分析概念，而是设计很多"微探究"实验，让学生亲手做一做，调动多种感官，主动参与，感受到所学内容有意思、有意义。

2. 信息组织

当学生接收到大量信息时，常会感到焦虑和无所适从，如果他们知道组织信息是学习的一个基本阶段，了解组织信息的基本方法，就会减轻焦虑，促进学习过程。信息组织是陈述性知识学习的一个重要阶段。

在这一阶段，学生要能够识别重要的信息，并把它们组织在一起，弄清楚它们之间可能的关系和它们的组织模式。书中提供了六种信息组织模式，包括叙述模式、时间序列模式、过程或因果模式、情节模式、概括和原理模式、概念模式。作者强调，运用不同模式的图示、图表，能有效帮助学生进行信息组织。

在日常教学中，根据不同内容，有时教师自己设计信息组织模式，引导学生对信息进行组织。比如，教师设计图表或者问题提供给学生，学生借助教师提供的信息组织模式，完成相关信息的梳理和归类。有时，教师将更大的自主权交给学生，由学生自己对信息进行组织。这时教师将信息直接提供给学生，由学生根据自己的思维习惯和信息类型，自主选择信息组织模式，采用表格、概念图、思维导图，或者建构模型等来组织信息。

3. 信息存储

这是学习陈述性知识的最后一个阶段。学习者应该有意识地将所学内容储存在记忆里，这样有利于信息的应用。该阶段既是陈述性知识学习的结果，也是学习维度三"扩展与精炼知识"、学习维度四"有意义地运用知识"的基础。

尽管陈述性知识学习的前两个阶段，对信息存储有一定的帮助，但是要想有效地存储信息，还需要特别的策略。作者告诉我们，把信息、知识重复好几遍，是最常用也是最没效果的信息存储策略。学生耗费大量学习时间进行简单记忆，遇到真实情境，需要应用时，仍然不能快速提取信息，熟练应用。

学习不只是"背诵"。书中给出的信息存储的有效策略是使用"意象"。例如，为了回忆信息，可以想象信息的心理表象、与信息有关的物理感觉、与信息有关的情绪，等等。对那些比较抽象、不容易产生意象的知识，例如，水的基本元素是两个氢原子和一个氧原子，作者指出，可以通过象征、替代等方式创造意象，还可以使用严密的结构化体系，甚至使用记忆术来帮助学生记住重要的信息，对信息进行存储。

三、学习程序性知识，要有"程序"

程序性知识的学习，正如它的名称所示，是有程序和流程的。作者将程序性知识的学习分为三个阶段：建构模式、固化和内化。学生只有经历了这些阶段，才能获得关键技能，学会某些过程。

1. 为程序性知识建构模式

在学习新技能和新操作时，学生需要掌握一个模式或一组步骤，这是学习程序性知识的第一步。没有这一步，可能就会造成混乱，由于反复尝试而浪费过多时间，直接影响后面程序性知识的固化和内化。

那么，如何帮助学生建构模式呢？书中指出，通过展示、演示具体步骤，教师可以帮助学生明确具体的模式。然而，如果学生仅仅通过观察教师展示的过程来模仿，就会导致无效学习，因此需要学生通过阅读、思考、摸索，主动在头脑中建构模式。对如何指导学生建构模式，书中提供了五种方法。

①帮助学生理解建构模式的重要性。
②使用"出声想"来阐述一项新技能或过程。
③与学生一起建构所学知识的书面或图示表征。
④帮助学生明白正在学习的技能或过程同其他技能或过程的异同。
⑤指导学生把技能或过程的步骤进行心理预演。

化学课实验内容特别多，实验操作步骤属于程序性知识。如何有效地帮助学生建构模式？我们借鉴了上述方法。例如，在学习离子检验时，教师首先进行演示实验，然后引导学生提炼出具体操作步骤。在学生动手实验前，还安排了学生理解操作步骤的环节。最后学生依据实验完成情况，完成实验报告并进行反思（见图1-3）。

教师演示 → 教师引导学生提炼步骤 → 学生理解步骤 → 学生实验 → 学生完成实验报告、反思

图1-3 实验建模流程图

2. 固化程序性知识

在真实情境中使用技能或过程，叫作固化技能，这一过程就是把技能或过程变成自己东西的过程。在这一阶段，学生对技能或过程要有概念性的理解，而不仅仅是学习一系列步骤。但在实际学习中，这一步经常被忽视，导致学生出现的错误没有及时得到纠正，甚至被学生内化，很难再改正。

教师应该让学生明确使用该技能或过程所要求掌握的陈述性知识，让学生知道大部分技能或过程会随着条件和情境的变化而变化，并为学生创造机会练习使用所有的变量，在使用过程中帮助学生发现和纠正错误。例如，在离子检验中，我们设计了不同情境下的应用专题，在多种离子存在的复杂体系中，帮助学生排除干扰，抓住本质，并依据具体情境，针对取样、试剂、操作、现象、结论这五个要点进行规范表达。

3. 内化程序性知识

内化程序性知识，就是能够熟练运用所学的技能或过程，甚至达到自动化的程度。这是学习一项新技能或过程的最后一步。要到达这一步，需要广泛的练习。教师可以给学生提供实际生活中的例子，比如骑自行车、打球等，帮助学生理解内化程序性知识的重要性；同时还可以通过帮助学生制定练习进度表、记录练习的速度和准确性等方法来帮助学生实现技能或过程的内化。

《培育智慧才能》虽然提供了知识的分类，但不同类型的知识不是没有关联的，它们是相辅相成的。要熟练应用操作程序，就需要理解相应的原理与概念；而理解原理、建构概念也需要一定的技能或过程。而且不同类型知识学习的不同阶段可能是重叠交叉的，这就需要结合具体情况，合理使用学习策略。

》梁淑惠

学以致用 ❸　培养学生的思维能力，我们能做些什么

身为高中物理教师的我，在力学的教学过程中遇到了这样一个问题：学生在初中就学过二力平衡，就静止放置在水平面上的物体来说，它受到的竖直向上的支持力，等于它自身的竖直向下的重力，这个结论需要经过一两步简单的推导得到。但许多学生在学习时并没有试着去掌握推导过程，而是习惯性地记住这个结论，"支持力等于重力"便成了他们脑中的定式。

一、学生常常忽略结论成立的条件

在高中阶段学习多个力、不同方向力共同作用下的物体平衡，求物体受到的支持力时，很多学生仍然认为支持力等于重力。实际上，当物体静止放置在水平面上但受到斜向上或斜向下的外力时，或者当物体静止放置在斜面上时，"物体受到的支持力等于重力"这个结论就不成立了。尽管我在课堂上演示过求解支持力的过程，但学生的错误率仍然很高，尤其是当求解支持力只是解决问题的一个中间步骤时，有些学生会完全忽略该结论成立的条件和推导过程。类似的错误还有很多。

作为新教师，我一直很困惑他们为什么总会在这方面出错，也曾向一位有经验的教师寻求帮助。他告诉我，学生目前的思维还达不到要求，等到以后发展到一定水平就好了。但是我依然不知道该做些什么才能帮到学生。读了《培育智慧才能》，我才明白低年级学生演绎推理的思维能力比较欠缺。

二、演绎推理能力不足阻碍学生的思维

《培育智慧才能》第三章重点分析维度三——扩展与精炼知识，主要讲述如何借助一些常用的推理过程对所学知识进行深入分析。这些推理过程包括比较、分类、抽象、归纳推理、演绎推理、提供支持（构建证据系统）、分析错误、分析观点等八种。在介绍每种推理过程时，作者都从以下几个方面给出详尽的描述。

①如何帮助学生理解这种思维过程。

②如何用语言带领学生在设定好的场景里运用这种思维。

③给出这种思维的重要步骤和难点，以及如何帮助学生掌握的有效建议。

④给出图形组织者或者模式来帮助学生理解和应用这种思维。

⑤学生在学习这种思维时何时适合使用教师或学生自己构建的任务？

⑥给读者提供可参考的课堂实例。

这些基于教学实践的讲解，促进了我的反思，使我意识到学生出现上述问题的原因是他们演绎推理的能力不足。

什么是演绎推理呢？演绎推理常常是从一般性的原理和前提出发，推导出个别具体结论的过程。举个例子，已知"所有动物都需要氧气"，因为"猫是动物"，所以就能得出"猫也需要氧气"的结论。这一过程看似简单，但学生在刚刚学习这种推理方法时，常会犯一些错误。比如，有的学生对演绎的前提认识不清，理解不够深入；有的学生在推理过程中缺乏逻辑性，容易想当然，因而出现因果颠倒、前后矛盾的情况。

三、用"三清法"帮助学生学会演绎推理

如何帮助学生学会演绎推理呢？可以尝试"三清法"。

1. 让学生搞清基于什么前提进行演绎

演绎推理有一个前提。通常只要这个前提是真的，推理过程符合逻辑，推出的结论就一定是真的。因此，基于什么前提进行推理特别重要，一定要让学生搞清楚。演绎推理的前提可以是学习过的基本概念、原理，也可以是已知的结论或做出的假设。也就是说，演绎推理的前提不一定都是正确的。如果演绎推理的前提是个假设，按照逻辑推出的结论是明显错误的，那么这个假设就是一个错误的假设。这就是常用的反证法。在进行多步连续推理时，很多学生能正确做出第一步演绎推理，但容易忽略后续推理的严谨性，就是因为不清楚"后续推理的前提实际上可能是前面步骤得出的结论"这一事实。其实，把复杂的推理过程拆解来看，就是简单推理的衔接，学生只要能找好每一步推理的前提，就能找到衔接的关键点。

2. 让学生理清所基于前提的适用条件

无论是概念、原理，还是结论、假设，都有一定的适用条件。一定要让学生理清这个适用条件，并明确它的适用边界。这是做出正确推理的保障。例如，前面提到的例子，一个物体受到的支持力常常等于它的重力，把这个结论作为推理的前提时，需要判断它在对应情境中是否适用，实际上就是要保证每一步推理前提的正确性。学生在此处经常会犯一个错误，那就是用自己的主观想法作为推理的前提，而不考虑这个前提是否正确，以致得到错误的结论。

学生要做好前两清，关键在于深入理解所学的基本概念和原理。学生学习时有一个特点，他们总是把大量时间花在记忆事实性信息上，缺乏对基本概念和原理的深入理解。然而，学生对基本概念和原理的理解水平决定了他们应用知识的程度，在越复杂、越多样的情境中，学生想要运用演绎推理，就越需要深刻理解基本概念和原理。

作者在书中指出，对重要的基本概念和原理，教师直接教授和引导学生进行辨析的效果，并不差于甚至优于学生自己去琢磨，所以在学习基本概念的环节，教师的讲解有很重要的作用。对基本概念和原理的理解，很关键的一个环节是明确适用条件。除了要求学生口述外，还可以带领学生辨析相似概念的异同，确定在给定的不同情境中结论是否成立。学生在初学新知识时做这些练习，有助于减少之后在解决复杂问题时的中间步骤错误。

3. 让学生澄清推理的过程

推理要有逻辑性，每一步都要有据可依，环环相扣。为避免学生想当然地推理，教师需要引导学生在推理时说出每一步的推理依据，帮助学生找到思维的漏洞。同时，教学过程中的示范环节也特别重要。例如，在讲解例题时，示范规范、严密的推理过程，为学生呈现完整的推理逻辑链，不仅可以起到示范作用，也可以让学生感受到推理的逻辑之美。

为了让学生做好"第3清"，我们需要帮助学生养成良好的思维习惯。有的学生对自己"会"还是"不会"的判断是有误区的，他们会有这样的疑问："我平时做作业的时候正确率挺高的，为什么考试就容易做错？""不是我不想答疑，是我不知道该问什么，感觉都会了。"实际上，学生认为自己会的题并不是都能严谨地写出过程，所以我要求学生提高"会"的标准，凡是题有不确定的地方，都应该算作不会的题，都需要及时答疑并做好标记，以便后续整理复习。还有的学生经常用自己的猜测作为演绎推理的前提，得到错误结论后还百思不得其解，不明白为什么出错。

为了纠正他们的错误，首先，应重视课上教师的示范。我在课堂上讲解例题时不轻易跳步，在学生容易犯错的地方更会多次强调。其次，重视课下答疑。课下辅导学生时，常让他们口述解决问题的过程。有个学生思维特别活跃，也特别喜欢问问题，他经常觉得自己的做法没有问题，但答案就是不对。每次都让他把步骤讲给我听，就会发现他的某些推理步骤的前提是错误的，而这个错误前提的来源是他自己的直觉。在多次指出他犯的这类错误并要求他记住"一切未经证实的结论不能直接当作推理前提"后，他逐渐意识到这是他思维的漏洞，在后来的学习中有意识地加以纠正。慢慢地，他的思维变得严谨了，犯错的频率降低了。

四、操作误区

在培养学生思维能力的过程中，我发现，很多时候教师会有意无意地弱化对学生思维的训练。

比如，在学习光对植物生长的影响时，教师往往会直接抛出问题："植物会向着光生长吗？"在如此明确的问题下，学生自然就知道，只要做一个实验就可以验证。于是，在实验中只要观察到植物向光生长的现象，就可以证明自己的答案。后续教学中更多的则是对这个知识点的训练。然而，对科学的真正探究，应该始于对现象的观察，然后提出问题，继而对这个问题进行深入探究。这一过程就是思维培养的过程，不应该忽略。学生的科学思维是在探究过程中逐渐得到锻炼和提升的。

书中提到"分析错误"这种思维能力，我发现学生对它不重视。

例如，学生改错只是简单地抄写题目和答案，这样的错题记录和看习题答案没有本质区别。实际上，改错的重点是从错题中总结为什么会错，能在以后的学习中避免出现相同的错误。于是，我们要求学生在整理错题时写上错因。但学生写的错因往往非常简略，大都是"粗心""看错题"等词语或短句，而这样的错因分析对学生的帮助是很小的。

"分析错误"指的是发现思维中的错误，更好地理解常犯的错误类型。比如，学生犯错误的原因可能是推理过程中逻辑混乱，逻辑混乱可分为前后矛盾、因果颠倒等。如果学生能发现自己思维错误的具体类型，就能有针对性地规避这种错误。

因此，学生在改错时不仅需要关注自己知识的缺漏，还需要关注自己思维的漏洞，在整理错题时应回顾自己做题的过程，明确错误类型。做好错误分析，不仅能帮助学生更好地掌握和应用所学知识，还能提高学生对信息的辨别和分析能力，使他们更容易发现其中的错误。

有人可能认为，随着年龄的增长，学生的思维会得到相应发展，不需要刻意培养。作为教师，我们如果能发现学生思维上的某些不足，并且能预见因为这些不足学生可能会遇到的困难，就应该采取措施帮助学生提高相应的思维能力，让学生少走弯路，从而帮助学生提高学习质量。

》彭琳

学以致用 ④　噢，原来知识应该这样用！

我们常说"要学以致用""要为解决实际问题而学习"。但真实的情况往往是，在开始进入学习过程的时候，学生并不知道自己要学什么，也不知道要学的东西能解决什么问题，能满足怎样的实际需求。学生只是按照教师教的内容去学习，教师教什么，就跟着学什么；教师则按照国家的课程标准来备课，通常会过多关注学科知识体系，往往忽视学生的真实需求，难以做到学以致用。

在《培育智慧才能》中，作者提出学习有五大维度，其中维度四是"有意义地运用知识"。这也是许多教师的共识。那么，什么是"有意义"呢？书中指出，只有当学生能够运用所学的知识，来应对他们所关心的问题，解决他们所面临的挑战时，才能最大限度地激发学生的学习动力，学生才算真正掌握了知识，这样的学习才算"有意义"。那么，如何做才能让学生"有意义地运用知识"呢？下面结合案例，谈谈自己的理解。

一、学生到底在关心什么

让学生能够运用所学的知识来应对他们所关心的问题，解决他们所面临的挑战，需要教师先弄清楚：学生到底对哪些问题感兴趣？学生到底在关心什么？当然，每个学生关心的问题各不相同，只是希望尽可能找到一些存在交集的问题、一些与所学内容有关联的问题、一些与实际生活有结合点的问题。

例如，高中地理教学中，对"海水的运动——洋流"这部分内容的学习，课程标准中写道："运用世界洋流分布图，说明世界洋流的分布规律，并举例说明洋流对地理环境和人类活动的影响。"为了让学生能够运用所学知识进行分析，教师往往会举这样一个例子。

这个例子是"小黄鸭漂流记"：1992年1月，一艘货轮从中国香港驶往美国西海岸，途中在国际日界线附近遭遇风暴。有几个集装箱倾覆海中，数万只玩具鸭散落在海面上。之后，在世界各地很多海岸陆续发现了这些玩具鸭。这些玩具鸭为什么会出现在世界各地不同的地区？你能推测它们的漂流轨迹吗？

这个任务，乍一看还挺有趣的。它是1992年发生的一个真实的案例，里面有可爱的小黄鸭，在推测小黄鸭漂流轨迹的时候，学生还能运用洋流分布规律的知识。这个例子简直就是学以致用的典范。但在实际操作过程中，很多学生对这个案例并不感到兴奋，因为这个案例不论在空间上还是在时间上，离学生都有点儿遥远，对洋流分布规律的应用也过于简单，没有多少挑战性。更准确地说，学生只是被教师要求去做这个任务。虽然小黄鸭可爱，但学生并不关心它们去了哪里，这和他们没有什么关系。这只是教师所认为的"有意义地运用知识"，没有深层发掘学生所关心的内容，不是真正的学生所认为的"有意义地运用知识"。

二、师生共同构建推理性的学习任务

只有学习任务与学生紧密相连，只有学生认为这个学习任务有意义，才能激发学生的兴趣，学生才有积极性去学习必要的知识，完成相关的任务。所以，学习任务的构建，不应该仅仅是教师单方面的事情，而应该由师生一起进行。

《培育智慧才能》将"有意义地运用知识"列为维度四，相比前一个维度"扩展与精炼知识"，该维度要求学生在完成有意义的任务时，运用更为复杂的思维和推理。推理过程包括决策、解决问题、创见、实验探究、调研和系统分析六类。对每种推理技能相关任务的构建，书中都提供了详细指导，这让我很受启发。

关于任务的构建，书中给出了一些需要注意的建议，可概括为三点。

①不设学科边界，因为要解决真实、有意义的问题，往往涉及多个学科。

②不设维度边界，比如，"获取与整合知识"这个维度的内容在"扩展与精炼知识""有意义地运用知识"的过程中都会涉及。

③不设学生边界，不同年龄和不同水平的学生都应学以致用，不能片面地认为学习基础弱的学生、学习动力不足的学生只要掌握基础内容就可以了，就不需要联系实际了。实际上，越有效地使学习任务联系实际，就越可以让学生与学习建立联系，学生就越会认为学习有意义。只不过，针对不同年龄、不同水平的学生，学习任务的选择有所不同罢了。

下面，我将通过一个具体的案例——"中国航展选址决策"来阐释书中的理论是如何指导我更好地和学生一起构建推理性的任务，让学生有意义地运用知识的。

高中地理教学中，对"产业区位因素"这部分内容的学习，课程标准中写道："结合实例，说明工业、农业和服务业的区位因素。"教师通常会让学生分析某个具体产业的选址问题，来理解不同的区位因素如何影响产业区位选择。比如，柑橘种植为何分布在南方地区？蔬菜等农副产品种植为何分布在城市周围的乡村地区？可以说这一过程就是对决策这一推理技能的应用。

然而，上述例子过于简单，还停留在应用的表层，我们希望学生能对所学知识进行迁移，进行更有意义的应用。结合前期与学生的沟通交流，了解到学生对航空航天展览很感兴趣，有不少同学都亲临现场参观过，于是，我将决策这一技能的应用迁移到实际问题中，迁移到学生更感兴趣的问题中，构建了"中国航展选址决策"的学习任务。按照书中给出的建议，进行了以下五步操作。

1. 帮助学生理解推理过程

要对学习任务做出决策，就要运用标准从相似项中做选择。帮助学生理解决策这一推理过程，就是帮助学生理解如何运用标准在各个选项中区分不太重要的决定与重要的决定。于是，我组织学生在决策前充分讨论，确定决策依据的标准，即航展需要什么样的自然、人文、地理条件；讨论、确定符合标准的选项，并给出"天津市滨海新区""上海市浦东新区""广东省珠海市金湾区"三个相似选项，让学生根据自己的标准做出选择。这样做的过程就是帮助学生理解运用标准在选项中做出选择的过程。

2. 向学生提供推理过程的模式，创造应用推理过程的机会

这一步主要是呈现推理的步骤，指导学生在推理过程中应用所涉及的思维方法。具体做法就是结合给航展选址这个任务，通过设置学习任务单来实现上述目标。学习任务单的具体内容如下。

①我要为中国航展选择一个最合适的布展位置。
②我的选择方案有哪些？
③决策依据的重要标准是什么？
④每项标准的重要性如何？
⑤方案符合标准的程度如何？
⑥哪一种方案最符合标准？
⑦选的地方合适吗？需要调整标准再选一次吗？

3. 在推理过程中，帮助学生关注重要步骤和难点

这一步主要是明确推理过程的重要步骤和难点，以及具体实施和应对影响因素的建议。例如，针对上述学习任务，影响选址的因素非常多，而且不同因素所起的作用又不同，以下问题就需要学生重点考虑：自然地理条件中的气候、水源、地形、土壤，人文地理条件中的市场、交通、政策等因素，对选址有哪些影响？如何对它们进行等级赋值？等等。

4. 为学生提供可视化的图表示例，帮助学生应用推理过程

图表清晰直观，易于理解，可以更好地帮助学生，让整个推理过程可视化。在具体操作中，我引导学生通过完成决策矩阵图，来更好地做出选择。先设计标准的权重等级，再确定不同方案满足标准的程度，最后计算决策方案的得分，选出最佳方案。

5. 运用教师构建和学生构建的任务

在应用推理的过程中，示范和指导特别重要，这就要求教师首先要通过构建学习任务对学生予以指导。然后逐步让学生参与其中，走向师生共同构建学习任务。最后鼓励学生构建他们感兴趣的相似的主题任务，激发学生的积极性和创造性。在具体操作中，我先结合学生感兴趣的内容，构建了"中国航展选址决策"的学习任务，指导学生熟悉推理步骤和要点，并运用决策矩阵图选出最佳方案。受此启发，学生根据自己的兴趣构建了多个相似的主题任务。例如，对军事感兴趣的学生构建了"战略物资储备库选址决策"的学习任务，对体育感兴趣的学生构建了"中国下一个冬奥之城选址决策"的学习任务，等等。

就像《培育智慧才能》所说，"最有效的学习发生于运用知识来完成有意义的任务"。在完成"中国航展选址决策"任务的过程中，学生对影响产业区位选择的因素有了更为深入的认识。在活动过程中，学生能够明显感受到知识从未如此有用，原来知识应该这样用。

》杨帅斌

> 学以致用 ❺

培养学生良好的思维习惯有"法"可依

作为教育工作者,我们不仅要教学生"学什么",更要教学生"怎么学",让学生学会学习。那么如何帮助学生学会学习呢?良好的思维习惯便是重要的助推器。我们都知道,良好的思维习惯能使人受益终身。

一、良好的思维习惯与良好的学习习惯一样重要

谈到思维习惯的培养,老师们虽然认同,但却不知道如何让其在学科教学中落地。《培育智慧才能》第五章专门谈良好思维习惯的培养,将"良好的思维习惯"列为学习的第五个维度。

作者认为,"良好的思维习惯"和"态度与感受"一起,构成了学习过程的"背景",也就是学习的基石。发展学生良好的思维习惯有两个好处。一个是可以强化学习内容。如果在学习过程中能展示良好的思维习惯,学生就可以学到更多知识。另一个是可以提高学生在任何情境中进行学习的能力,帮助学生应对各种问题和困难,有利于学生未来的发展。学生只有具备良好的思维习惯,学习才能更有效。

二、培养良好的思维习惯有"法"可依

书中将良好的思维习惯分为三类,分别是批判性思维、创造性思维与调节性思维,并对如何帮助学生形成良好的思维习惯提出了具体的策略和方法,主要有四个方面。

1. 理解良好的思维习惯

培养学生良好思维习惯的前提，是要帮助学生理解什么是良好的思维习惯，以及这些思维习惯是如何影响学生学习的。在日常教学中，帮助学生理解良好思维习惯的方法有很多，书中列举了六种。

①鼓励学生在课堂中讨论每种思维习惯。

②提供实例，让学生感知人们在不同情境中，是如何运用思维习惯的。

③让学生与他人分享和某种思维习惯相关的个人经历。

④注意并指出学生展示某一思维习惯的行为。

⑤请学生描述个人所崇拜的人物展示某一思维习惯的例子。

⑥请学生制作海报来展示他们对某一思维习惯的理解。

2. 辨别并发展与良好思维习惯相关的策略

学生理解了良好的思维习惯后，就会意识到要发展自己的良好思维习惯，就要学习一些相关的策略。有助于学生学习这些策略的方法有很多。一种是教师身体力行，在展示某一具体策略时，边示范边解释。如果教师要求学生合理安排一份研究报告，就可以向学生介绍自己是如何做的，从而起到示范作用。另一种是对学生提出要求。例如，要求学生分享各自的策略；要求学生采访他人来识别策略；要求学生在一个学期内确定一种思维习惯，并集中力量发展该思维习惯；等等。

3. 创建一种良好的课堂氛围

通过营造良好的课堂氛围，培养学生良好的思维习惯，这种策略教师在日常教学中使用得比较多。例如，教师示范思维习惯，或者将思维习惯整合到日常的课堂教学活动中。实际上，培养学生良好的思维习惯，并不需要教师改变课堂教学，完全可以利用原有的教学活动来发展学生的某一思维习惯。例如，组织辩论，可以培养学生的批判性思维习惯；引导学生解决真实问题，可以强化学生的创造性思维习惯；帮助学生制定长期目标，可以培养学生的调节性思维习惯；等等。

4. 为展示良好思维习惯的学生提供积极强化

任何习惯的养成都离不开巩固、强化的过程，良好思维习惯的养成更是如此。通过强化，可以让学生不断意识到良好思维习惯的重要性，更有助于发展学生的良好思维习惯。书中提供了以下几种做法。

①给学生分配不同的角色，让一些学生观察，另一些学生展示良好的思维习惯。例如，让学生在小组活动中轮流承担观察者和执行者的角色。

②要求学生自我评价具体思维习惯的水平。

③运用汇报卡或进展报告向学生提供反馈意见。

三、培养学生良好思维习惯的实例

教师可以充分利用上述方法，创设各种情境，运用不同的学习工具，将良好思维习惯的培养整合到日常教育教学中。在此，以调节性思维习惯培养为例，介绍一些具体做法。

1. 借助工具，学会自我规划

学习是一个动态的过程，如果学习者不能灵活调整学习策略，只会循规蹈矩地学习，整个学习过程就会非常僵化，事倍功半。反之，如果学习者能够自我监控，不断反思，适当调节，合理规划学习进程，整合学习资源，对知识的吸收与运用就大有裨益。《培育智慧才能》指出，调节性思维包括自我监控、合理规划、调用资源、回应反馈、评估效能五个方面。在日常学习、生活中，合理规划是做事情的前提，是首先需要培养的习惯。

例如，我们学校为学生提供了丰富的课程，并给予学生充分的自主安排时间，如何进行规划、选择适合自己的课程、合理安排学习时间就显得特别重要，对刚刚入学的新生来说更是如此。为此教师针对学生在规划上存在的问题，研发了一系列制定规划的工具，在不同的时间节点提供给学生，引导学生思考并制定自己的生活与学习规划，合理分配用于学习与爱好的时间（见表1-4）。

表1-4　高一年级学习规划指导工具

规划篇

高中阶段，同学们有了更丰富的选择，基础课程、高端课程、社团活动，你是如何协调的呢？在任务多了的同时，也多出很多自习时间供你规划利用。白自习、晚自习、午间、下午4:30—5:30，过去的一周你是怎么利用这些时间的呢？效果如何？结合开学三周来的学习感受和各科作业的安排，请思考如何分配基础课程、高端课程的时间比例，如何规划自习时间，以达到最优的学习效率，从而获得良好的学业成绩。

1. 你计划如何平衡基础课程、高端课程与社团活动？
   _____

2. 根据每天的课表，白自习，你计划：
   周一_____
   周二_____
   周三_____
   周四_____
   周五_____

3. 下午4:30—5:30的自习，你是想去哪个教室找任课老师答疑，还是想和某个小伙伴一起学习，抑或是去运动放松一下呢？来规划一下吧！

周一	周二	周三	周四	周五

落实到学科的学习上，合理规划同样是学习过程中的重要一环。例如，初中语文《西游记》单元，教师设计了"去小学讲取经故事"的核心任务，要求学生利用 8 分钟的时间，给附近小学的学生讲取经故事。学生要完成这个任务，不仅要阅读《西游记》，梳理故事情节，分析、比较人物，还要训练自己复述故事的能力，最后演绎自己最喜欢的取经故事。要完成这一系列事情，对初一年级学生的挑战还是很大的。为此，教师将核心任务分解为若干个子任务，并标注时间节点（见图 1-4）。

19日周一	20日周二	21日周三	22日周四	23日周五
阅读项目材料，明确学习目标，认识工具和量规，制定学习规划	今天你读了几回《西游记》	今天你读了几回《西游记》	课堂：话说"西游"人物	课堂：发布新人物形象

26日周一	27日周二	28日周三	29日周四	30日周五
课堂：发布"行者vs妖怪" 课下：以团队为单位撰写申请函，联系各所小学	今天你该做些什么	课堂：班级取经故事会	课堂：班级取经故事会	"故事大王"招募团队，进行彩排，成员分成听众、主持人、道具志愿者等各种角色，评估和练习

图 1-4 《西游记》单元学习规划时间节点

通过这个小工具，可以帮助学生学习规划，指导学生循序渐进、条分缕析地自主学习，还可以引导学生完成核心任务，实现单元目标。

2. 通过自我评估，调整学习状态

学生在从"无"到"有"构建新的知识体系的过程中往往会感到迷茫，不知自己的方向是否正确：我是否达成了目标？我是否掌握了特定知识？如有问题，我在哪一方面有欠缺，又该如何改进？如果学生能够自我反思，说明学生已经迈向自我评估的第一步了。能够通过反思进行自我评估，是调节性思维的重要组成部分，是学生会学习的重要标志。

当然，自我评估并不是让学生冥思苦想、踽踽独行，教师的引导同样重要。为了引导学生进一步梳理知识系统，修正学习思路，教师应该提供相应的资源，帮助学生更系统、更有效地达成自我评估。例如，在我校多语种学科的每一个大单元任务结束后，教师会向学生提供自我评估表，并细化以核心素养为指标的各项学习目标，以此来帮助学生明确学习方向，更精准地自我评估。

在实践中我们发现，良好思维习惯的培养不是一朝一夕就能完成的，但它绝非虚无缥缈、遥不可及，更不是纸上谈兵、难以实践。《培育智慧才能》介绍了三种思维习惯。思维习惯远不止这些，书中的案例也只是引子，书中提供的策略和方法也仅仅是借鉴。

在实践中，一方面，我们要自觉将学生良好思维习惯的培养纳入教学规划中，整合到教学过程中。另一方面，我们要深入研究思维习惯，结合学科特点和学生实际，创造性地研发培养学生良好思维习惯的工具和方法，将良好思维习惯的培养落到实处。

》何凤仪

第二辑

最大程度地促进学习

> 全书导读

可见的学习：最大程度地促进学习

《可见的学习（教师版）：最大程度地促进学习》

约翰·哈蒂 著

金莺莲 洪超 裴新宁 译

教育科学出版社

作为教育工作者，我常思考以下问题：造成学生学习差异的因素是什么？是学生的习惯和天赋等个人因素，还是家庭氛围、亲子关系等家庭因素，抑或是学校管理、课程安排和教师能力等教育因素？到底是什么对学习有关键性的影响？有没有某种规范，可以据此把影响学习的诸多因素找出来，并根据其影响的大小进行排序，然后选出最佳指导策略，让学习达到最佳效果呢？

澳大利亚墨尔本大学哈蒂教授所著《可见的学习（教师版）：最大程度地促进学习》[以下简称《可见的学习（教师版）》]一书，涵盖五万多项研究，涉及两亿多个学生的八百多项元分析，并进行了综合分析，筛选出一百多个影响学生学业成就的因素，按照其效应量大小将其放在同一把尺子上进行排序。这就是著名的"哈蒂排名"。

这项基于实证的系列研究，以直观数据的方式回答了教育因素影响力的困惑。借助"哈蒂排名"，在某种意义上，我们可以更准确地去衡量学生的差异，去反思学校管理和教学工作。根据对学生的学习产生深刻影响的不同因素，有重点地去改进教育日常工作。特别重要的是，这一研究对完善课堂教学过程，具有重要的指导意义。

一、教师的作用最重要

该书第 1 部分诠释了教师角色，把一百多项影响学业成就的因素，归入"学生""家庭""学校""教师""课程""教学"六个领域，通过定量分析发现，排在前三位的是教师、课程和教学。

在众多能控制的变量中，对学生学业成就影响最大的因素是教师，而课程和教学的实施者就是教师，所以教师才是影响学生学业成就的关键因素。

总之，教师是学生学习最大差异的来源，是影响学生学业成就根本的、关键性的因素。

然而，知道教师是造成学生学习巨大差异的原因不是目的，帮助教师搞清楚哪些行为造成了差异才是重点。可见的学习的意义就在于帮助教师找到有关差异产生的可靠证据，启发教师更科学地工作，进而理清有效的教学环节，最大程度地促进学习。

二、要让学生的学习"可见"

学生的学习是可见的吗？如何让学生的学习可见？

哈蒂及其团队解决了这样的困惑，并提出了切实可行的实践路径和方法。该书为教师的教学实践提供了通用的心智框架，并为每一个框架列出了检查单。

在该书第 1 章《内置可见的学习》中，哈蒂指出"可见"具有两层含义。

一是"让学生的学对教师可见"。教师看得见学生的学，即教师要看得见自己的教对学生的学所产生的作用和影响。教师只有明确辨析出对学生学习产生显著作用的因素，才能担负起教师所应承担的角色和职责。教师要具有卓越的评判力，要成为自己教学的学习者和评价者，对教学进行及时有效的反思和改进。因此，教师审视自己的教学应成为常态。教师对学生的需求理解得越深入，指导就越"可见"。通过反馈来修正和改进学习，反馈得越充分，指导就越有效。

二是"使教学对学生可见"。应让学生看得见教师的教，让学生逐渐成长为自己学习的教学者，能及时自我调节、完善学习方法与习惯等，并学会深度学习和终身学习，发展终身学习的习惯和能力。

教学者和学习者都要知道自己的影响，这才是有效的教与学的根本。如果教与学是可见的，那么学生获得高水平成就的可能性就会变大。

第2部分《课》是全书的核心，也是全书的要点和精华所在。书中详细描述了"备课""开始上课""课的流程：学习""课的流程：反馈""结课"。可贵的是，哈蒂在每个环节都找到了证据，并提供逐步指导，让学习变得切实可见。

例如，从备课、开始上课、课的流程到结课，包括课前准备、课堂交流和课后追踪，包括课程、教学策略和课堂管理，几乎涵盖了教学的方方面面。通过提供检查单、练习、案例研究，将有效学习和教学原理渗透在故事和案例中，提供可操作的逐步指导，以帮助读者在课堂中成功实施可见的学和可见的教，有效地辅助、提升学生的学习。哈蒂教授特别讲述了教师对学生的影响力量，强调教师要有意识地运用学习策略，建立教和学的新模式。

再如，"在备课和上课中要关注有目标的学习"，这给我留下了很深的印象。一是学习目标，即在课堂中学生能学到什么。这也是教学目标，教师对此比较容易关注。二是教师能否清晰地知道学生是否达成了所期望的学习目标，或者成功标准是什么，怎么清晰透明地衡量学习的效率。这要求教师指导或设计的学习路径应该透明，这个学习路径应该既能让学生有效地自我指导，清楚地知道自己需要达到的水平，从而知道自己何时实现达成目标的学习，也能让教师高效地关注学生学习的进程，这也是形成性评估的关键。

例如，下面高中生物学科制作的实验量规框架（见表2-1），就是一个让学习过程可见的工具。

表2-1 生物学科实验量规框架

学习步骤		学习行为	赋分	注意事项
实验准备			不合格/合格	
实验进展安排			不合格/合格	
原始数据记录			不合格/合格	
实验预期			不合格/合格	
实验报告	材料处理		10分	
	变量控制		10分	
	过程记录		10分	
	数据处理		20分	
	结果分析		20分	
	反思收获		20分	
	科学规范		10分	
实验改进与创新（附加赋分）			10分	
优秀作品展示（附加赋分）			10分	

注：1. 学习行为描述：你认为最核心、最关键或最能影响结果的行为描述。
2. 互评：完成且基本正确即为合格，未完成或出现科学性错误为不合格。
3. 师评：完成且没有科学性错误即为满分，出现一个科学性错误减5分，最低0分。
4. 反思收获：满足一项5分，最高20分（总结1—3项成功或失败的原因，或提出有待研究的新问题等）。
5. 科学规范：语言简洁，逻辑清晰，内容完整。
6. 附加赋分：满足一项5分，最高10分（创新类型：实验材料、方法、工具、试剂等）。

该实验量规兼具指导和评价两个功能。

首先,教师教的过程清晰可见。

教师实施的是"逐步教",将教融入要学生完成的步骤中。例如,实验准备,让学生学会查询资料,进行合理设计;实验进展安排,让学生学会合理规划实验;原始数据记录和实验预期,则是让学生学会尊重科学事实,培养实验的严谨态度和严谨思维;而实验报告部分则是对学生具体实验过程的宏观要求和指导,要求学生学会实验选材、变量控制、过程记录、数据处理和结果分析等,并总结、反思实验的过程,逐步让自己的操作、分析等变得科学规范。而对不同的步骤,根据其重要程度,进行量化赋分。还将对每个步骤的具体要求写入注释中,这既是注解,也是学习要求和教学指导,使教的过程清晰可见。

其次,学生学的过程清晰可见。

学生根据生物实验量规要求,利用自己的基础和学识,进行操作实践。该实验量规是开放的,不同的学生可能实践不同的学习过程,呈现不同的学习过程和成果。教师可以通过学生的作品——实验报告等,清晰看到学生每个步骤的学习过程和结果,能从学生的视角看学生的学习过程,清晰可见地掌握学生的学习进程。从学的角度看待教的问题,从而为不同学生提供及时、有针对性、个性化的教学指导。

该实验量规还能协助学生设定清晰的学习目标,能让学习进程有据可依,能让学生有效监控学习进程,使学习进程透明、清晰、可见。这就为教师提供了调整和重新教学的有效依据,为调整、完善教学策略提供指导,确保学习者走在成功应对挑战的正确道路上。

该实验量规很好地协调了挑战和反馈这两大要素,在适宜挑战的基础上,挑战目标越高,学生需要反馈的可能性就越大,就越容易进行较高层次的深度学习。

当然,教师要有意识地关注课堂中新的教学情境的生成,在即时生成的新情境中灵活、有效地完善教学目标，充分交流学习，使师生、生生互相提高。当学生逐渐达到较高级别的学习标准时，教师要学会适时放手，这样，学生就能获得更高水平的学业成就。当然，在其他教学环节，我们也可以类似地去尝试和实践。

三、用八个心智框架反思教学行为

这本书第 3 部分《心智框架》是对教学全流程的实践指导，详述了反思教学行为的八个心智框架。

①教师认为他们的基本任务是评价他们的教学对学生学习和成就所产生的效应。

②教师认为学生学习的成功和失败取决于他们作为教师做了什么和没有做什么。

③教师需要更多地谈论学，而不是教。

④教师将测评视为对自身影响的反馈。

⑤教师参与对话而不是进行独白。

⑥教师乐于挑战并决不退回到"尽力"状态。

⑦教师认为他们的作用是发展班级中的积极关系。

⑧教师使所有人熟悉学习的语言。

这八个心智框架是"可见的学习"的本质，也是思维方式需要关注和改变的几个层面。在这些心智框架的各个层面，我们应该努力成为自身影响的评价者，这样，我们就可以获得最大改进。这些心智框架是富有热忱和灵慧的教育者应该拥有的，也是教育实践者获得成功的必要条件。

热情、专注和灵慧对教师是非常重要的，当然，做好任何工作都离不开这些优秀品质。热情和专注可以促成有效的教和学。例如，教师要构建充满爱心、尊重的课堂氛围，让学生在平等和信任中互动学习与探究，并设定具有挑战性的学习目标，时刻关注学生潜在的问题且采取措施给予学生帮助，让所有学生都能参与到学习中来，让不同程度的学习者都能有所收获，等等。

这本书并没有展现新的教学方法或教学秘诀，而是提供一种思考方式，引起新的思考。教师的职责是评价自身对学生所产生的影响，因此教师要清晰地认识自己的影响力，并据此来指导、完善自己的行动。当我们努力尝试让教师的教可见，让学生的学可见，并辅之及时、有效的反馈和指导时，离成功的目标就不远了。

》王爱丽

学以致用 ❶

从备课开始，让学习过程"可见"

备课是教师再熟悉不过的内容了，作为教师，我们每天就是不停地备课、上课。当前，特别强调核心素养的落实，强调在课堂上发生真实的学习，此时，如果我们还仅仅将备课理解为准备要上课的内容，就有些片面了。《可见的学习（教师版）》重新定义了什么是备课，告诉我们如何从备课开始，让学生的学习过程可见。这让我深受启发，也值得我们学习、体会、研究、实践。

一、备课不能闭门造车

备课有很多形式，《可见的学习（教师版）》强调，最有效的备课是教师共同制定教学方案，对该教什么、教到什么程度达成共识。也就是说，备课不能盲目而独立，有质量的备课应该是教师集体智慧的迸发，而不是个别教师的闭门造车。

备课时，教师们头脑风暴产生的巨大能量能有效提升备课的实效。"三人行，必有我师焉"的经验模式在教师交流时同样有效，不同的教师有不同的教学风格，对学习内容或某一概念有不同的理解，通过充分而有效的讨论和交流，对教什么、学生在学习后达到什么样的水平以及学习的迁移等会达成共识，从而避免不同教师对相同教学内容的理解偏差。

体育中考是体育学科非常重要的内容，教师在进入初三教学前会精读考试文件，理解考试规则，然后在集体备课时提出自己的疑问和见解。对规则的理解直接影响教学手段和练习方法，所有初三体育教师通过深入交流和讨论，对考试规则的理解达成一致，并归纳总结有效的教学手段和练习方法，形成系统性文件，助力初三中考体育教学。

集体备课是教师思想碰撞的时机，也是教师学习提升的时机，而最终的受益者必将是学生。

二、备课要为学习顺利而有效地发生做准备

在备课过程中，我们往往过于专注于自己的专业，对学生所要学习的内容情有独钟，对学生需要掌握的知识深入挖掘、反复打磨。实际上，备课内容是非常广泛的，我们不仅要准备上课时需要学生掌握的内容，更要准备将通过什么情境、什么环节、什么方法让学生的学习顺利而有效地发生。

《可见的学习（教师版）》告诉我们，让新的学习发生前，首先，教师要了解学生已经掌握了什么。这是非常关键的一步，既可以让教师知道学生的学习处在什么样的水平，距离目标有多远，也可以让教师对之后的教学有的放矢地进行调整，把学习重点放在学生还未触及的地方，在学生已经掌握的内容上节约更多时间和资源。我们的课前测试就是很好的案例，通过测试可以有效地了解学生当前的学习状况。

其次，只是了解学生的学习状况是远远不够的，还要关注学生是如何思考的，也就是关注学生的学习策略和方式方法。学习策略的错误远比对教学内容的理解偏差或理解不透彻要严重得多。学生的思维模式跟我们不一样，我们很容易理解的问题对学生来说也许很难，我们不能把我们的思维模式复制、粘贴到学生的脑子里。所以，我们要经常跟学生进行合作学习，并保持交流。教师不仅要擅长说，还要善于听，倾听学生的想法和见解，从而了解学生是如何学习的，找到问题并及时进行干预，保证学生的学习策略始终正确。

无论是一个概念、一节课、一个单元还是一门课程，我们一定要让学生明确学习目标是什么、成功标准是什么。清晰的学习目标可以

让学生了解需要达到怎样的水平，具体的成功标准可以使学生知道是否到达了目的地，以及现在的学习处在什么位置，还需要付出多大努力。这样就让学生的学习变得可见、可控。

当然，并不是所有人的目的地都一样，学生可以根据自身的情况设置个人最佳目标。这个目标可以高于，也可以低于一般的学习目标，但必须具有挑战性，学生在达到目标时有一定的自我提升。比如，长跑考试并不是所有学生都能达到满分，对体质相对弱的学生，如果把满分作为他的成功标准，无疑会打击他的积极性，降低他的练习投入程度。这时，教师跟学生一起设立他的个人最佳目标就更为合理。最大的学习进展才是我们所追求的。

在明确学习目标和成功标准后，如何让学习有效地发生呢？设置有效的挑战，构建有趣的情境，让学习目标和学习活动有机结合起来，是一个不错的答案。例如，语文学科"史传文学中的侠义人物"单元，教师就结合学校一年一度的狂欢节，拟订了一个学习任务：选出一个侠义人物，在狂欢节上装扮一位老师。还制定了一些子任务：用准确的词语概括五位侠客的个性特征；指出五位侠客的共同点和不同点；至少写出为什么不选择其中三个人物；写一封信说服老师同意装扮；描述一段人物出场的造型；与学校图书馆合作，对图书馆里有关侠客的图书重新进行分类。通过这些学习活动，学生充分参与并享受学习，让学习自然而然地发生。

三、备课要帮助学生成为自我学习的支持者

要让学习真实地发生，让学生的学习过程可见，不仅要对学生已有的经验、认知水平做到心中有数，还要想办法了解学生的态度和倾向，帮助学生提升自我效能，突破自我障碍，激发自我动机，也就是要帮助学生成为自我学习的支持者。这同样是备课的重要内容。

影响学生学习的因素不仅有身体层面的，也有心理层面的。心理

活动交叠在一起形成"自我概念",就像书中提出的,学校教育的一大目的就是让学生"支持自己"作为学习者,去识知我们认为值得识知的事物。

上课前,我们要花时间去了解学生的态度和倾向,对其加以正向引导,使其成为积极的学习因素,并不断加以强化。

自我效能是塑造"支持自我"体系的一个重要因素。什么是自我效能?简单地说就是自信。高自我效能的学生在学习上往往更容易成功,成功带来的自我提升又能强化自我效能,从而形成正循环。高自我效能的人韧性十足,即使遇到阻碍或者失败,也不会降低自信,能及时走出来,并为下次挑战付出更大努力。运动心理学也有类似的概念,而且把自我效能细化为三个因素:对活动的选择;愿意付出努力的程度;面对有挑战的阻碍时,有多大程度的坚持。这三个因素在初三体育中考练习中有充分体现。

在中考体育三个项目中,长跑练习是最难的,练习过程相对枯燥,长跑成绩是运动能力和意志品质的双重体现,学生在长跑练习时出现畏难心理也是最多的。

当学生得知一节课的主要练习内容是长跑时,往往会以各种理由拒绝或者逃避,这样他们的努力在心理层面就已经大打折扣,在练习过程中也会遇到很多阻碍。成绩瓶颈期、寒冷的天气等都会考验学生的思想,思想上放松的最直接体现就是身体上的懒惰。长跑成绩需要循序渐进的积累,而不能靠临阵磨枪的突击,只有经得住瓶颈期和冬训的考验,才能迎来第二年春天成绩的厚积薄发。

我们会逐渐培养学生足够强大的内心,其中榜样可以起到很大的作用。可以通过以往、现在课上努力投入学生的案例,来激励学生不畏艰难的意志品质。同样,可以通过创设不同的运动情境,在保证练习质量的情况下降低练习的难度,增加练习的趣味性。比如,把长跑项目分成不同的练习距离有针对性地训练学生不同的运动能力,用200米跑训练学生的加速能力,400米跑训练学生的乳酸耐受能力和速度保持能力，等等。通过短距离跑步的练习，使学生感知能力提升，并逐渐形成较高的自我效能，以应对长距离跑步的考验。

我们需要干预和教授让学生形成坚忍心理，因为信念的力量是难以估计的。精神意志足够强时，往往能发挥出自己都想不到的潜力；而当思想上放弃的时候，可能连10%的水平都发挥不出来。所以，一个人究竟可以做到什么，往往要看他的心理够不够强大。

《可见的学习（教师版）》让我们重新思考备课的含义，更充分地了解备课内容，同时也理解如何通过有效备课，让学生的学习变得可预期、可见、可控。

》张琦

> 学以致用 ❷

在每个学生"当前水平+1"的层级上教与学

以学习者为主体的教学理念在学界很普及，体现在教学实践中，就是常用小组讨论或小组合作学习的方式，给学生充分表达的机会。表达意味着思考，思考意味着真实学习的发生。这样教学确实可以在一定程度上调动学生的学习主动性，激发学生的学习兴趣，促进不同思想的碰撞和反馈，锻炼学生的表达能力和社交能力。

然而，在实际教学中，我常常不敢放手让学生去讨论。因为在看似热闹的小组讨论中，并非所有学生都能有效参与：有的学生在小组里一言不发，让课堂时间白白流失；有的学生则在小组里胡乱说话，干扰正常的讨论进程；有的小组学生整体较弱，讨论中缺乏有效内容……一堂课如果以小组讨论作为学生学习的主要方式，结果常常是花了不少时间，效果却不理想。

如何设计有效的小组讨论，如何让合作学习更有效，让每一个学生都能在其间有所收获、有所进步呢？《可见的学习（教师版）》给了我很大启发。基于此，我重新设计了一堂以小组讨论为主的作文讲评课。

一、根据学习的不同阶段，实施有效分组

在上小组讨论课时，教师常常以前后桌为一组或自由结组的方式让学生形成小组，但书中并不赞同这种做法。过于随意的分组其实是没有关注学生"共通性"的体现。

书中认为，学习小组的划分，应当关联不同学习阶段的学生，依据他们所处的学习阶段、表层理解和深层理解、动机水平、学习策略等，提供不同的教学方法和指导，从而帮助学生在实现成功标准的过程中展示他们的掌握情况和理解水平。因而，教师可以在了解每名学

生的学习起点，以及他们在通往成功标准的道路上处于什么位置的基础上，给学生划分小组，以确保同组学生具有多样性中的共通性。

书中将学生的学习分为三个阶段：新手阶段、能手阶段和熟手阶段。学生在学习过程中，特别是在螺旋式上升类知识的学习过程中会自然而然地拉开差距。少部分学生因在先前的学习中存在知识缺失，可能仍然停留在新手阶段；大部分学生经过学习掌握并能运用一部分知识，进入能手阶段，但依然需要持续刻意练习和深入理解学习；还有一部分学生已进入熟手阶段，他们熟练掌握了课堂上所学习的知识和技能，重复学习已学会的内容意义不大，需要更进一步的刺激和挑战才能使他们持续处于学习兴奋区。

据此，在一堂作文讲评课上，我将班里的学生划分为"研读范文组""研读评分标准组"和"研读经典组"，对应新手、能手和熟手三个不同阶段，分别给予易、中、难三个不同层级的讨论任务。

其中"研读范文组"主要是班级中写作能力较弱、学段检测中作文常常得30分甚至以下、对写作文有畏难情绪的学生。这部分学生在课堂上共同研读一篇同学写的优秀范文，讨论其立意、内容与结构，品味其细节描写，并重新写作作文提纲。

"研读评分标准组"主要是班级中写作能力中等、能够在规定时间内写出32分左右的作文但常存在一定硬伤的学生。在这堂评分标准研读课上，首先，他们用作文评分标准这个学习工具，讨论四篇学生作文，并在研读比较的过程中吃透评分标准；其次，在充分理解评分标准的基础上，找出自己写作中的硬伤，并通过仿写优秀范文对硬伤进行针对性改进。

"研读经典组"主要是班级中写作能力较强、写作思路和技巧比较成熟、通常能够在考试中写出一类文的学生。在这堂评分标准研读课上，学生能够挑战自我，阅读相关话题的经典文学作品，共同研讨一个与话题相关的学科或文化概念，拓展相关领域的知识广度与深度，提升写作立意、文学表达、文化背景等方面的综合素质。

区分大的组别后，我还根据学生不同的优势、特点、兴趣等将大组细分成2—3人的小组，尽量让学生互补搭配。这样做的好处，一是小组人数少，每个学生都要贡献智慧才能推进小组讨论；二是组内学生学习所处阶段一致，不存在组内压倒性优势，能够鼓励一些不敢说话的学生开口；三是组内每个学生所长与所短不尽相同，能够在讨论中发现彼此的优势，相互学习。

通过这样的分组方式，可以改变"大锅饭优等生吃不饱，学困生吃不了"的状况，让每一个学生都在当前水平的基础上实现"+1"，自我挑战，有所进步。

二、分组设计不同的学习任务，实现学生的"当前水平+1"

很多时候，给整个班级的学生布置同样的作业是不合理的。同一份作业，对有的学生而言太难，令其望而生畏；而对另一些学生而言则过于简单，没有帮助。因而，我们也应该分组设计课堂活动和作业。

如何分组设计学习任务？书中提到的"动机不同阶段"的内容对我很有启发。书中提出，学生并不是一直处于满怀动机的状态，教师要了解学生当前的动机阶段，然后在这个阶段或其"+1"水平上来组织教学。书中简述了动机的四阶段模型，即"看见差距—设置目标—形成策略—填补差距"。

基于此，我给"研读范文组""研读评分标准组"和"研读经典组"分别布置了讨论任务和作业，使其借助同学的优秀作文、作文评分标准和名家名篇来认识差距，再通过相应的学习工具设置学习目标，形成学习策略，最终让学生评估自己的学习和进步。在这一过程中，学生不仅在学习知识，更是在学习如何有效地学习。那么，教师如何扮演好引导者和支持者的角色，给予学生恰当有效的协助呢？我结合"研读评分标准组"的任务设计谈一点儿自己的思考。

1. 看见差距阶段

对学生而言，这个阶段是重要的唤醒阶段，学生可以认识到自己当前的学习起点与期望的成功标准之间的差距，从而产生学习动力和后续学习行为。但在教学过程中，我们发现学生对差距的识别能力有很大差异。例如，程度比较好的学生拿到自己作文的得分，结合评分标准就能较准确地判断差距；而"研读评分标准组"有相当一部分学生只能笼统地认识到存在差距，至于差距具体在哪里、有多大，是不明确的。因此，"看见差距"这个阶段非常需要教师的介入和引导。但这种介入不该是越俎代庖式的，用几句评语直接点破学生的差距并不能真正启发学生思考，促进学生看见自身的差距，教师需要做的是让学生去感受，去体验，去思考。

因此，我给"研读评分标准组"的学生发了一份作文评分标准、四篇同学的作文，让学生讨论、打分。学生在这一过程中能够收获许多经验：能够通过直观的横向对比，感受到这几篇文章在立意、内容、结构、语言等打分项上表现的优劣；能够听到彼此对同一篇文章的细致点评和分析；还可以结合自己的作文与同组同学讨论，获得修改建议。这些经验都在帮助学生更直观地理解评分标准中那些抽象的概念和维度，更清晰地认识到怎么写更好、自己在哪方面还有进步的空间，从而形成对作文评分标准的理性认识。

这个研读、讨论、打分的过程，其实就是学生认识自己当前学习起点的过程，也是学生理解成功标准的过程。

2. 设置目标阶段

当学生认识到存在差距时，就可以构建目标，并制定实现目标的计划。在这堂作文讲评课上，我要求"研读评分标准组"的学生结合评分标准重新审视自己的作文，从立意、内容、结构、语言四个维度给自己的作文打出细致的分项得分，并选择自己当前得分最低、差距最大的维度作为本堂课的突破目标。

3. 形成策略阶段

学生有了突破目标后，就可以引导学生利用手头的资源形成自己的学习策略。我常请学生从身边的优秀同学中寻找自己的学习对象，鼓励学生相互学习。

例如，在这堂作文讲评课上，我鼓励"研读评分标准组"的学生发现自己最大的短板后，去向班级中在这一维度上表现突出的同学取经（不善社交的同学可以借助教师提供的四篇例文来学习），分析其表现突出的原因，并模仿其作文修改自己的作文。

4. 填补差距阶段

这个阶段是学习成果的验收阶段。学生带着批判的眼光重新检查自己是否填补了之前的差距，宣告是否成功达成目标，以便向下一个目标努力。

这次作文讲评课布置了作文修改作业，在教师批阅前，先安排"研读评分标准组"的学生对照评分标准给自己修改后的作文再次打分，并将作文修改稿和作文打分表（见表2-2）一并提交给我。学生完成这个作业，不仅是对自己作文写作及修改能力的自我评价，也是对自己整个学习过程的自我审视，学生或确认自己的进步和学习效果，或认识到学习目标尚未达成，回头继续强化学习。

表2-2 作文打分表

作文	立意 （0—10分）	内容 （0—10分）	结构 （0—10分）	语言 （0—10分）
原稿				
修改稿				

》 刘柯含

> 学以致用 ❸

抛弃标签，帮助学生超越潜能

学习了《可见的学习（教师版）》，受益匪浅。特别是关于如何了解学生、不要给学生贴标签的内容对我启发很大。书中特别指出，教师不要给学生贴标签，例如"自闭症""阅读障碍"等；反之，要对所有学生抱有高期望，并不断寻求证据来检查和改进，帮助所有学生提高他们的潜能。

贴标签似乎是教师不经意间的做法，当教师们在一起研究分析学生时，不自觉地就会给某些学生贴上标签。这倒不是说这些标签不真实，而是说贴标签这种做法无益于教学，更不利于学生的成长和发展。

在这本书第 5 章《开始上课》部分，作者提醒教师，给学生贴上"智障""学习困难"的标签，不仅不利于学生的学习，也会阻碍我们的教学。甚至给学生贴某种"学习风格"的标签，也是最没有成果的做法之一。关于这一点，我想谈谈自己的认识和实践。

一、学生的能力是不断发展的

学生是多样的，彼此是不同的，个体之间是有差异的。虽然有的学生现阶段能力或者"智力"较弱，学习上存在困难，但给他们贴上标签，就会一叶障目，看不到他们的潜能，不利于我们用发展的眼光看他们，更难帮助他们超越自我。

其实，学生的能力是不断发展的。很多习得的技能本身就能促进学生学习能力的提高。比如，很多关于认知的知识，也就是元认知，在掌握以后可以很好地提高学习效率，提升思维层次，与"智力"的增长形成正反馈。

正所谓"磨刀不误砍柴工"，我们平时要多花一些时间，用于培养学生"思维方法"的训练。即使在某些时候看到学生表现出来的思维能力与我们的预期有一定差距，教师需要做的，也不是给学生贴标签、下定论，而是想办法帮助学生学会学习，提高思维能力。久而久之，我们就会惊叹于学生能力的进步。

在这本书中，作者也提醒我们注重学生学习能力的培养。比如，在第4章，作者强调了学习目标的引领作用。在学习之前先梳理学习目标是行之有效的学习策略。除此之外，其他一些有效方法也值得我们借鉴。比如，思维导图已经被证明是一种高效的学习工具，我们可以把它引入课堂，介绍给学生。这样不仅可以避免教师越俎代庖地"替学生总结"，从而使教师有更多时间关注学生的个体差异，有针对性地帮助学生，而且可以让学生对所学知识进行有深度、有广度的梳理，锤炼、实践自己的学习方法，进而提升自己的学习能力。

例如，牛顿力学、能量观点、动量观点是处理物理问题的三大视角，贯穿物理学的各个分支，与能量守恒、动量守恒等规律有密切且深刻的联系。如何帮助学生建构这种思维框架呢？教师可以充分利用思维导图这个学习工具，引导学生对知识进行梳理，理解物理规律之间的联系，认识到物理学的有机统一性；同时，还要引导学生体会这种学习方法的有效性，并用这种方法对其他内容进行总结、提炼。假以时日，学生将不仅取得知识上的收获，还会取得能力上的进步。

另外，在教学中重视"循序渐进"的学习策略，也会让我们感受到学生的能力是不断发展的。孔子说"温故而知新"，很多新知识是建立在旧知识的基础上，通过厚积薄发、熟能生巧，最终从量变到质变，从而使人在新的知识领域做出突破。

认识到知识是不断积累的、思维能力是不断进步的，不仅会为我们指明努力的方向，还会给我们带来从容不迫、不急不躁的心态，会让我们更加包容、更加从容地对待学生。例如，物理学科中的牛顿力学，是后续力学乃至整个高中物理学习的基石，如果贪图学习进度，拔苗助长，或者过分引导学生对"能量""动量""电磁感应"等高考

"重点"内容的学习，而忽视牛顿力学的基石作用，就会感受到学生有些力不从心，从而适得其反。

二、多角度、高维度审视学生

学生不仅是多样的，而且每个个体都是多元、多维的。教师对学生的评价也应该是多角度、多维度的，这样才能更好地引领、激发学生，更好地促进学生成长和发展。

任何人认识任何事物都可能有偏颇，不全面，甚至是错误的，当然也包括教师对学生的认识。有时候我们认为"确定无疑"的事实或结论，可能与真实情况差之千里。

例如，2022届高三有位同学，在高三上学期，学习物理非常吃力，成绩不理想，我一度认为该生物理思维能力不足。但在学情分析会上得知，该生在数学课上表现较好，数学思维也不错，经常得到老师和同学的青睐。这让我重新认识了这位学生。我想，数学、物理这两门学科有许多共性，这位同学的数学思维好，物理思维应该也没问题。正是因为对他有了新的认识，我改变了对他的帮扶策略：增加对他的鼓励，并用他在数学学习上的优势激励他在物理学习上突破瓶颈。一段时间后，我发现他对物理学习逐渐有了兴趣，也投入更多学习时间，物理成绩不断提高，到高三下学期，他已经成为班级物理学科的领头羊。由此看来，教师只有全面、立体、多角度地认识学生，才能对他们进行恰当的引导和帮助。

当然，我们不能局限于"学习成绩"甚至"高考成绩"这个维度。很多同学虽然没能在高考中取得理想的成绩，但在后续人生阶段，通过自己的努力做出了傲人的成就。"学习成绩"仅仅是人生的万千维度之一，作为教师，我们还应该从更高的维度去引领学生，引导学生树立远大理想，激发学生不断挑战自我，帮助学生发现他们的潜能，促进学生全面健康地发展。

《可见的学习（教师版）》强调，教师没有必要将学生分成不同的"智能"，要对所有学生都抱有高期望，选择多种教学方式，帮助学生超越他们的潜能。总之，破除对学生"第一印象"的执念，用发展、全面的眼光看待学生，是深入了解学生的前提和基础。

三、如何更好地了解学生

毫无疑问，积极与学生交流，是深入了解学生的极佳途径。在教学实践中，我有以下建议。

1. 以学业交流为依托

知识学习是学生的重要任务之一，学生往往很关心自己的学习效果。教师若能以学习任务为切入点，与学生进行交流和沟通，常常更能引起学生的重视。比如，可以利用与学生交流习题和作业的机会，合理转移话题，以了解学生目前的学习状态、身体状况、情绪情感。如果学生成绩起伏较大，还可以探究背后的原因，比如家庭环境问题、心理压力大、遇到突发事件等。只有真正了解学生，才能进一步标本兼治。如果仅仅停留在对学生成绩下滑的批评，对学生作业的检查、催促上，往往事与愿违。

2. 短时高效，频率合适

长时间面对面交流容易给学生带来心理压力。有时，如果长达数小时的谈话不能很好地解决问题，学生就会腻烦，甚至对教师产生敌对情绪。所以，在与学生交流时，教师要调整好频率，抓主要问题、主要矛盾，让交流有针对性，力争短时高效，在短时间内解决学生的问题。

3. 做一个倾听者

由于年龄和心理的原因，中学生往往并不愿意向家长流露真实想法，而更倾向于向老师和同学求助。做一个好的倾听者，不仅能适切地帮助学生，也能满足学生的心理需求，建立师生间良好的感情。

教师在与学生面对面交流时，应该放低姿态，更多地做一个倾听者，保持平和的态度，并对学生的优点给予充分肯定。只有这样，才能进入学生内心，让学生无所顾忌。教师不应该过早给出具体的操作性建议，而应该合理引导谈话方向，引导学生说出自己的真实想法。

4. 正确表扬学生

正确表扬学生，不仅能促进学生的主观能动性，也能增加学生与教师交流的主观意愿。另一本书《可见的学习与思维教学：让教学对学生可见，让学习对教师可见》，作者里琪也建议我们通过表扬来肯定学生的主观能动性。比如，她举例说，"你真聪明"这样的表扬类似于"你真高"，是对学生遗传基因的表扬，并不能促进学生进步，反而会使其形成错误的归因，认为自己的进步来源于先天，而不是后天的努力。她建议，教师要通过表扬引导学生将自己的进步归因于自己的"努力"这种具有正反馈的因素。

5. 做好观察者

"没有调查，就没有发言权"，没有足够细致的观察，不了解学生的习惯和性格特点，就不能对学生的学习和生活进行有效的引导与帮助。

教师可以创造机会主动观察学生。比如，在课堂上，多组织学生相互答疑、小组讨论等活动，这不但会给学生展示思想提供途径，教师还可以借机观察、了解学生，在倾听的过程中，了解学生的思维特点，分析学生的性格特征，等等。

》王树超

| 学以致用 ❹ | 设计挑战性任务，促进教与学的双向可见

在教学中，我常困惑于学生上课很开心，很激动，状态很好，但在作业和考试中却未表现出应有的水平，也未表现出课堂热情过后应有的成绩提升。有些家长也很无奈地反馈："孩子从小一直读了很多书，为什么语文成绩不理想？"我自己在求学经历中，常常因为语文成绩出色，被问及"你是如何学习语文的"。每当被问到这样的问题时，我似乎永远给出同一个答案："多看课外书！"

为什么"上课""看书"会有如此不同的体验？到底怎样才是"学习"，怎样才能有效地学到知识，提高成绩？也许正是这些困惑，促使我来阅读、学习哈蒂的著作《可见的学习（教师版）：最大程度地促进学习》。

一、什么是"学习"

在书中，我找到了有关学习的一个更明确的答案：学习特指，对教师而言，如何去获知和理解学生的学习，为学生学习的真正发生而做些什么；在思考和反思教学时，教师应当始终回望一个根本性问题——我的教学对学生的学习是否产生了影响、产生了怎样的影响。也就是说，教师将教学作用于学生学习的改变与提升，才算达成了"学习"，才算完成了教学。

基于上述标准，前文所说的困惑，不是语文"学了没用"，而是"没有学"。学生表面上对课堂或书本的痴迷，很可能就是"图个热闹"，而没能真正将学习内容转化为自己的知识与素养。传统教学模式下的"读—讲—练"，容易使学生的阅读体验淹没在教师的讲授里；讲、练有时又是分开的，会使真正作用于学生内心的触动，直

接被练习册上的题目取代；而那些习题本身，很可能并不契合应讲之物。没有步步为营地实现某一知识学习的有效闭环，就不是真正的学习。

在新课标的要求下，现行的语文任务群教学设计，在设计每个单元的任务时，有意识地让任务具有挑战性，用任务去"验收"学生的学习成果，促成"学习"在学生头脑中的内化，达成教学带来的真正转变。

例如，在"古人的说辩艺术"单元，我们将学习任务设定为"劝秦始皇施行仁政"。按照任务要求，学生要充分了解单元文本所提供的历史场域，学会提炼和应用文本中的说辩方法，并佐以三处以上原文引用。在一系列情境约束和硬性要求下，新的知识和方法得以真正作用于学生的思考与表达。

二、要让学习过程可见

这本书不仅让我们重新认识了学习，还对如何最大程度地促进学习提出了建议，那就是让学习过程可见。简言之，就是"可见的学"与"可见的教"。教师与学生可以成为互见"教""学"的主体，教师要从学生的角度去看待学习，学生也要通过理解教师的教学来明确、促进自己的可持续学习。书中还用大量数据证明：当这种可见发生时，对学生学习产生的效应是最大的。

在日常教学中，教师基于学情设计学习任务、通过驱动性问题促进课堂的有效生成、通过作业进行有效诊断等，都是促成"可见的学"的重要因素。而"可见的教"，让教师的教学过程对学生可见，恐怕是当前课堂教学改革中任重道远的部分。教师常常忽略学生对教学的"知情权"。学生常常不知道学习目标，在完成学习任务的时候，不明确为什么要做，不知道在做的过程中应该注意哪些问题，不知道怎样才能将学习任务完成得更好，因此要让教的过程与学的过程同样可见，教师还需要做出很多改变。

三、设计挑战性任务，确保教与学"双向可见"

挑战是有效学习的核心要素之一。有证据显示，提出适当的挑战，会让学生更加专注于持续学习，更加投入地学习。在教学中，我通过设计具有挑战性的学习任务，来实现教与学的"双向可见"。

1. 可见的学习目标不容忽视

让教学可见的关键一环，是学习目标要可见，即要将教学目标落地，转化为学生可见、可知的学习目标。让学生知道自己为什么要学习这些内容，通过学习这些内容可以获得哪些新的学业成就。这样，学习目标就会自带动力，也可以让学生在学习过程中更加有的放矢。

让学习目标可见的另一个环节是围绕学习目标设计具有挑战性的学习任务。通过解读学习任务、了解学习内容，让学生进一步明确学习目标，知道这个单元或者主题要学习哪些内容，做哪些事情，为什么要做这些事情，做到什么程度就达标了。

例如，学校每年年末都要举办狂欢节，学生需要请老师做扮装表演。当时我的学生刚刚读过《三国演义》，于是我们将挑战性学习任务设定为"狂欢节中的语文学习"。学生要按照《三国演义》中人物的个性特点去找相应的老师，然后装扮他，并请他在狂欢节上走秀展示。这样的任务，不仅激发了学生阅读《三国演义》的动力，而且持续带动了学生后续的学习。

2. 可见的学习过程需要学习资源和工具的支撑

学生知道了学习目标，那么如何让达成目标的过程可见呢？这就需要教师在教学过程中，为学生准备丰富的学习资源，为学生提供多样化的学习评估和诊断方式，向学生提供适切的学习反馈，帮助学生不断调整和改进自己的学习,让学生的学习真实发生,真实可见。

就语文学科来说,有时对学习结果的评价标准不那么明确,要让学习过程可见,就要将诸如"文似看山不喜平"这样的抽象表达,具象"翻译"为层级明确、标准明晰的学习量规。通过量规这个学习工具,帮助学生展开学习过程和评估过程。为了让学生更好地"取法乎上",还应为学生提供可以达成更高标准的学习支架,为学习"搭梯子";给学生提供足够优质的阅读资源,让学生更加感性地理解何为"好"。

例如,"真实与谎言之间"的教学案例,为了让学生更好地梳理典型谣言,继而学习分辨谣言,我们为学生设计了"我的辟谣之旅"工具表格(见表2-3)。通过填写这个表格,学生大致就能明白,应该从哪些方面来综合判断新闻的真伪。

表2-3 "我的辟谣之旅"工具表格

谣言事件、发生时间	指向分类（政策/科学/……）	初刊媒体与传播路径	起初：令我轻信还是怀疑	轻信/怀疑的根据与理由	辟谣时间、媒介、理由	谣言得以传播的社会/心理因素简析

3.学习任务的挑战性要指向学科核心素养

挑战性学习任务的设计不是盲目的,也不是一味地增加学习难度。

当下,落实核心素养是课程实施的总目标。学科核心素养既包括学习和应用更深层次的学科知识,也包括引导学生关注情感、现实关怀和社会担当等内容。这就要求教师基于这样的目标设计学习任务。

例如，高中语文戏剧单元的学习目标，着重强调了阅读和演绎悲剧对学生"悲悯与关怀"情感的塑造。在教学中，除了阅读剧本和演绎戏剧，我们还设计了"《窦娥冤》是否应在窦娥死后加上最后一折"的学习任务，让学生通过阅读剧本发现，窦娥被平反昭雪的过程远非"爽文"一种，而是充满了元朝社会男尊女卑、官僚昏聩、冤假错案比比皆是的乱象。通过对剧本细节的分析，通过对剧本的批判与反思，在学生心底埋下正义与担当的种子。

学习任务的挑战性也不是一味地增加学习难度。在任务设计过程中，挑战性更多地体现为对正确的思维方法的培养。正如古人所言："授人以鱼，不如授人以渔。"教学的最终目的之一应当指向能使学生举一反三的方法路径，而不是简单给出结论。哪怕是课文中一个字的读音、新闻中一个词的褒贬、诗词中一个意象的内涵，一定要引导学生在语境中揣摩体悟，学会进行分析或判断的方式方法。那么在确定学习目标、设定任务时，就应遵循认知规律和知识特点，让学生"知其所以然"，进行"基于理解的学习"。

总之，设计富有挑战性的学习任务，每一步都离不开教师对学生和学习的正确认知，离不开对学习目标及学习过程的精准把控。有了《可见的学习（教师版）》的提示和引领，我们会继续探索，最大程度地促进学生学习。

》赵楠

> 学以致用 ❺

身处困境中的学生需要有效反馈

我是一名教美术的年轻教师,在课堂上常遇到这种情况:为学生布置了30分钟的创作任务,却有学生两分钟不到就画好了一幅粗糙的画,并且大声表示:"我画完了!"在刚成为教师时,我十分讨厌这样的学生。但通过一段时间的接触,我慢慢发现,这些学生并非想捉弄教师,他们的真正问题往往在于不了解如何继续深入自己的创作,不清楚工具的正确使用方法,或根本没有理解创作任务的目标。而一旦我向他们解释清楚,他们并不拒绝继续创作,许多时候,他们甚至会交出令人吃惊的优秀作品。

这引发了我的思考:上述问题的出现,一方面是因为我在课堂上没有完整地把知识和技能传授给学生,另一方面是因为学生在完成任务的过程中没有得到有效的反馈。课堂上,一个学生有可能因为我的及时点评而完成一份完善的作业,获益良多;也有可能由于我的反馈不及时、不准确,而对学习产生消极情绪,甚至放弃课程的学习。

反馈如此重要,那么,如何在课堂上给予学生及时、有效的反馈呢?《可见的学习(教师版)》一书作者提出了一种反馈模型来解释。这个模型将反馈分为四个水平,用于解决三种问题。

一、反馈的四个水平

反馈有四个水平。
①任务水平:关注信息(你做对/错了)。
②进程水平:关注任务完成的进程(你可以这样解决这个问题)。
③自我调节水平:关注学生的学习过程(你试了各种方法,但似乎都没有用,为什么没有用呢?你能借助什么方法来解决?)。

④自我水平：对学生进行评价（你是一个优秀／差劲的学生）。

这种精细的区分，让我重新思考了过去我给学生的反馈。在一般的教学中，我习惯于给学生"正确""错误"的反馈，也就是任务水平的反馈。这种反馈可以帮助学生确认自己完成任务的方式是否正确，但如果在课堂的最后给出这种反馈，就没有多大意义，因为学生已经错误地学习了一整节课。

进程水平的反馈对学生有价值得多。课上，我会不停地在学生之间走动，并在学生出现问题时提供解决方案，或在学生偏离目标时提供建议。这种反馈可以帮助学生及时走出误区，顺利完成任务。

自我调节水平的反馈难度最大。这意味着不仅要理解任务如何完成，还要对学生如何学习有清楚的认识。这需要对学生仔细观察，发现其学习方法，并迅速准确地进行引导。

自我水平的反馈则指向"自我"，一般是对学生的支持或训诫，也就是表扬或恐吓。

二、表扬没有好处

非常有趣的是自我水平的反馈，责骂学生自不用说，表扬学生竟然不会对学业成就产生正面影响。这是出乎我意料的统计结果，但一回想自身的经历，马上便理解了。夸奖虽然让人快乐，但很容易分散人的注意力，让人陷入自负或自我怀疑的怪圈。

更关键的是，表扬只是对学生本人的评价，不包含任何帮助学生完成学习目标的信息或策略。表扬是一剂甜蜜的迷魂汤，可以让人短暂地扬起热情，但却无法支撑学生长期孜孜不倦地挑战目标。更有甚者，学生会对表扬产生期待，寻求表扬成为学习的唯一目的，一旦没有得到表扬，就会陷入负面情绪。

根据统计，很多教师习惯滥用表扬，一堂课一半以上的反馈都是表扬！如果学生并未正确理解目标，表扬就更会让他们感到迷惑，并不会让他们去修正自己的理解，这对学习只有负面影响。

当然，恐吓学生是最坏的选择。无论如何，学生在课堂上都应该有归属感。教师和学生只有互相信任，才能更好地教与学。通过表扬增加学生的归属感是可取的，但对学习，表扬的价值并不高，应该把表扬和针对学习的反馈区分开。

三、反馈可以解决的三个问题

书中提出，反馈可以解决学生学习过程中的三个问题：我要去哪里？我如何到达那里？下一步去哪里？

第一个问题"我要去哪里"，这是多么重要的一个问题啊！书中第4章提到，为了让学生拥有学习动力，有挑战性的目标是不可或缺的，而反馈就是帮助学生完成挑战的重要助力。

我想起了我的一名学生。她曾向我抱怨目前的学习十分虚伪，说自己在校外的追星活动中学到的远比在学校要多。在追星活动中，她需要与各种人联络，学习各种知识，为特定的目标写作，制作印刷品，等等。而在学校，她只是努力写作业应付老师。

这是一个比较极端的个例。如果学校的学习目标充满挑战性，学生就会在学业中追求卓越。如果学生并不认为自己需要实现一个较高的具有挑战性的目标，那么就不会投入精力去完成。教师可以通过反馈帮助学生了解自己目前的状况和需要达成的目标之间的差距，明确要完成的挑战，并在完成后及时提供新的挑战。这就是通过反馈要解决的第一个问题——帮助学生明确"我要去哪里"。

第二个问题"我如何到达那里"，则强调如何通过反馈帮助学生确认自己所处的位置和取得的进步。这也是很多教师会忽视的一点。用"对""错"进行评价很简单，然而，对学生来说，学习应该是一个过程，简单的评价对学生的进步帮助不大。好的反馈会帮助学生理解自己学习的过程，并掌控自己的学习。

第三个问题"下一步去哪里",可以引领学生对更深层次的问题进行理解,让已经达成目标的学生更进一步建立更深层次的理解。

四、好的反馈能够带来更大的信心和投入

好的反馈可以帮助学生知道自己能达成目标,以及如何达成目标,并清楚地了解自己进步了多少,最终营造出一种理想的学习心理。

最近,我上了一堂标志设计课,要求学生为学校的周年庆典设计一个标志。正确完成这项任务,需要理解好标志的特点,了解标志设计的方法,并用正确的工具精准地绘制成稿。

一个学生迅速拿了一张草图给我。我发现他的草图体现了好标志的所有特点,但只是草图。我认可了他的创意,提醒了不足之处,并将要达成的正确目标解释给他听,让他明白他目前的作品和希望达成的目标之间的差距到底在哪里。

一个学生不习惯和教师交流,他喜欢自己控制时间,仔细地画上一节课,但我发现他错误地理解了标志设计的方法,我观察他绘画的过程,提醒他注意课堂上谈到的标志设计的流程,指出他的标志哪些方面不符合要求。他慢慢调整绘画方法,但遇到了困难。我则引导他思考问题出在哪里。他试着重新简化各个图形元素,再去组合,最后得到了较好的结果。

一个学生提前完成了任务,并达成了所有目标。我和他回顾了这节课他收获了哪些新知,并提醒他标志有不同的应用场合,且只是构成品牌形象的一小部分,应该进一步思考如何通过组合创造一个完整的品牌形象,并让他试着设计一辆用于周年庆祝的花车。

五、反馈的频率

反馈要"正当其时""正针对我""正指向我在学习进程中的位

置""正是我需要的，能帮助我前进"。不符合这些要求的反馈效果会大幅度减弱，而且单纯关注反馈的数量可能会出现偏差。

在普通班级里，教师的反馈往往是针对整个班级的，学生往往不会听进耳朵里。实际上，他们很少根据反馈修正功课。更多时候，学生甚至错误地理解教师的反馈，或认为反馈虽然正确，但难以应用到学习中。书中提到，学生在课堂上收到的反馈更多来自其他学生，而这些反馈一大半都是错误的。

也就是说，在一堂课上学生收到的真正有效的反馈非常少。教师在讲台上只顾教学，只顾讲授课程、说明任务，学生"不知道该选择什么学习策略""不知道如何计划和分析自己的学习""不知道接下来该干什么"，这些都说明反馈是缺席的。

六、反馈让失败成为学习的动力

针对错误的反馈远比针对正确的反馈有价值，因为修正错误需要对原有的信念进行质疑，而这种质疑正是刺激学生学习的动力。我曾听一位物理教师谈到，激发学生物理学习热情的最好办法，就是展示颠覆学生直觉的物理现象。当学生看到现实与自己的想象截然不同时，就会有很强的动力去探究背后的原理。

这充分说明在学习中犯错可能比做得正确更有价值。但学生通常害怕犯错，会因为害怕犯错而拒绝尝试，拒绝挑战高水平的问题。可见包容学生的失败有多么重要，包容失败才能得到更大的成功。

总之，好的反馈是火种，能够帮助学生建立学习的热情和信心；好的反馈是氧气，能够帮助学生解决各个层次的问题，让学习之火熊熊燃烧。

》严上杰

> 学以致用 ❻

"热忱和灵慧"：教师的新境界

在学生学习过程中，教师究竟应该扮演什么样的角色？

《可见的学习（教师版）》对教师角色进行了界定：教师是教育过程的主要行动者，一位"热忱和灵慧"的教师，就是专家型教师，可以最大程度地促进学生的学习。"热忱"的教师热爱自己的工作，对学生一视同仁，充满热情，真诚接纳学生的不足。然而，教师光有热情还不够，还要以一种"原则性的、价值导向的、智慧的方式实施这种热情"，从而真实影响学生的学习。

该书帮我们找到了看待师生关系的一个新视角：教师的教要对学生可见，学生的学要对教师可见。学生要更多地成为教师，教师要更多地成为学习者，"教学相长"，彼此成就。

一、教师是学生情绪的调控者

教师要看见学生学习的实质。学生常常通过试错来学习，对已知的东西进行概念重构，从而获取新的知识，这意味着要识别出错误并放弃原先的想法。此外，身处青春期的学生，往往还面临同辈压力、自我怀疑和亲子矛盾等多重冲突。因此，他们往往需要先解决"情绪"问题，再解决"学习"问题。

专家型教师相信师生关系的主导方在教师，教师应该主动承担起建立良好师生关系的责任。他们认为"学校就是容许学生犯错误的地方"，并善于营造积极宽容的学习氛围，让学生从错误和反馈中受益。

我们学校倡导，教师应具备较高的教育境界和宽广的胸怀，应树立正确的学生观。教师的心目中，不应该有坏学生，只可能有心智发展不成熟的学生；学生成长道路上的错误，就像学习走路的幼儿跌跟头，绝大部分跟道德品质没有多大关系，每个错误都意味着成长，教师要有"祝贺失败"的修养；不埋怨学生，当教育教学效果不如意时，先检视自己；关注每一位学生，学生对公平的期待远远超出我们的想象，要十分小心地呵护每一位学生的世界。

然而，践行这种教育追求并不容易。好的教育呼唤科学的方法、理性的情感，我们越来越需要实现职业转型，成为一名"情绪工作者"。既要能洞察社会的情绪，疏导学生和家长的情绪，还要能掌控自己的情绪；既要"动之以情"，更要"晓之以理"。我们还应努力成长为"青春期成长专家"，使教育智慧惠及更多的学生、家长和教育同行。

为了更好地"赋能"每一位教师，学校、年级还积极构建"教师成长共同体"，提升协同育人能力。年级有"导师联盟""教研组师带徒"等机制，定期举办主题沙龙，如"如何激发学生学习内动力""让贴近学生的真实活动发挥积极的教育效用"等，帮助青年教师在站稳课堂的同时健康成长。借助校级、区级、市级各类平台征集、评选育人案例等成果，众筹教育智慧，分享育人策略，帮助学生与教育者唤醒和发现更好的自己。

二、教师是学习过程的指导者

学习是一个过程，同样也有起点和目的地。学生的思维与成人不同，教师要看见真实的学习过程，就要关注学生是如何学习的。

首先，设计学习目标时，要考虑学生思维发展的起点，而不只是盯着知识和技能的传授。要设置师生共同明确的目标，而不仅仅是教师自己清楚。

其次，要改变课堂中听和说的比例，教师要少讲多听，变"独白式"为"对话式"。对话可以是师生对话，有更多学生提问和表达，也可以是同伴对话，学生在分享与交流中提升学习和社会技能。

最后，要让学习过程可见。所设计的任务、活动要能借助多种工具，直观呈现学生的思维过程，暴露学生认知存在的问题。这样，教师便能从学生的视角看待学习。"灵慧"的教师会努力适应每一个学生个体的学习路径与节奏，相信所有学生都能达到成功标准。

基于核心素养的教学，要求教师进行教学设计时遵循学习与认知规律，对学习过程有更加科学的认识；改变以往过于细碎的课时划分，重构单元教学；串联、融合碎片化的知识点，将其升华为更为深入、持久的学科大概念。

不论教学还是评估，都要更加关注真实生活，更加关注学习过程，在真实学习和深度体验中培育学生的核心素养。教学设计的关键不是设计简单的活动，营造表面的热闹，而是设计能驱动教学目标实现、有一定难度和综合性、与真实生活紧密联系、能激发学生持久思考和探究的核心任务。

在这样的课堂上，在学生解决问题的过程中，教师不仅是学生学习的指导者，还应该是学生学习过程的评估员。教师要不断评估学生的理解水平和教学目标之间的差距，敏锐地捕捉不同学生的认知动向，并给予个别化指导。教师要甄别目标的适切性，发现学生学习过程中存在的问题，及时提供有效的反馈。

我校语文教研组，曾经开展过"组装'我的《论语》思想盒子'"的单元学习与成果展示活动。同学们曾经望而生畏的文化经典学习进入崭新的模式：基于标准，明确目标；以核心任务承载学习目标，唤起学生原有的认知，启动学习者的自我系统；借助量规工具，让学生真正进入富有真实感的学习语境。同学们在组装自己的"《论语》思想盒子"过程中，不仅收获了对文化经典的理解，还收获了解读方法，建立了理解模型，丰富了基于标准的学习体验。

不同层次的同学都有收获。安浩诚同学在呈现"思想盒子"时，不断向老师表达"懊悔"："您看，到了第二周我才搞清楚自己的思路是什么。再回头看第一周的，没法看。我把做学习规划和查找资料都放进'思想盒子'里，想让自己看清一路学习的轨迹，并告诉其他同学'盒子不是一天搭起来的'。"教师点评："你的学习结果如同你的名字，表现了足够的诚意。过程很浩大，但最终让自己安全安心了。"

在这一过程中，教师既是设计者、评估者，又是指导者、陪伴者。在"师生—生生"学习共同体中，学生合作、参与、体验，产生深度学习；教师用学生生成的学习成果验证教学设计的有效性，丰富教育经验与智慧，实现教学相长。

三、教师是学习资源的链接者

学生成长为自主、高效的学习者离不开丰富、优质的资源支持。教师要擅长使用各类图书、教具/工具、电子资源等来丰富学生的学习体验。这些资源不但能直观呈现知识，展开学习过程，往往还具有选择性和个性化的优点。然而，要想实现学习过程可见，教师就要站在学生的角度理解学习过程，学生也要尝试从教师的视角理解教学过程。

在当今时代，很难有某个人能穷尽全部知识，成为无所不知的教育者。教师需要把自己打造成"超级节点"，链接各类学习资源。《可见的学习（教师版）》强调，教师要拓展资源开发的视野，重视"同伴的力量"，打造"丰富且具有吸引力的非正式课程"。

如果书中的"同伴"是一个广义的概念，那么教师还应有意识地挖掘同事、校友、家长、名家大师等"重要他人"的育人价值，构筑"成长共同体"。这类鲜活的资源往往能带来第一手知识和技能，大大拉近学生与真实世界的距离，具备很强的参照和模仿价值。他们的成长故事就是可见的标准，就是行走的课程。

例如，我校2021届高三毕业生韦晨同学，在老师的指导与自己的努力下，入选国家队出征国际比赛，最终斩获第 62 届国际数学奥林匹克竞赛金牌。为充分挖掘校友资源，发挥学长文化的辐射作用，推动学生对基础学科的重视，我们邀请韦晨回到学校开讲"名生讲堂"，分享自己获得金牌背后的成长故事，为学弟学妹科学学习之路指点迷津。

活动设计了"韦晨说数学""教练许鹏辉老师话韦晨"等环节，展现了韦晨从一位看似普通的数学迷，到在科学有效的指导和强大的意志品质指引下，克服困难斩获金牌的故事。出席"名生讲堂"的有初一年级的学生，也有高一年级的学生。初中的同学表示，韦晨学长的分享激发了他们投身科学的兴趣；高中的同学表示，故事很励志，坚定了他们学习的信念。

学生取得良好的学业成就，成为胜任未来的终身学习者，是每一位教育者的夙愿。《可见的学习（教师版）》让我们得以"看见"隐藏在学生成绩背后的那些关键因素：良好的学习心态、有效的学习过程、多元丰富的资源等。胜任未来的教师，需要重新定义自我，与学生同行。

》周劢

第三辑

帮助学生看见每天学习的意义

| 全书导读 | **聚焦学习目标：**
帮助学生看见每天学习的意义

《聚焦学习目标：帮助学生看见每天学习的意义》

康妮·M. 莫斯
苏珊·M. 布鲁克哈特　著

沈祖芸　译
盛群力　审订

福建教育出版社

说到"学习目标"，你的脑海里第一时间会浮现出什么？

是写在教学详案中最开头的几句话，还是翻阅教材、教参时看到的几句提示，抑或是与"学习目标"类似的"教学目标"等词语？

如果你觉得这个词语比较陌生或不太熟悉，那可能说明你还没有将它作为工具充分发挥它的作用。

《聚焦学习目标：帮助学生看见每天学习的意义》（以下简称《聚焦学习目标》），透彻地解析了学习目标的作用，并且描述了学习目标发挥作用的各种场景。学习目标不仅能帮助教师和学生一起创造出最有效的课堂教学，还能让学校所有成员，如校长、年级主任、备课组长、专家教师、行政人员等，始终站在学生学习的角度去思考问题、制定措施，进而推动整个学校更好地运转与发展。

这本书没有停留于强调学习目标的意义和价值，而是给出学习目标在各种教学场景中发挥作用的工具，帮助大家真正掌握发挥学习目标作用的方法。从原理到步骤，再到案例，这本书不仅能够教读者如何认识、理解学习目标，如何使用学习目标提高课堂效率、帮助学生充分发挥潜力、进行自我评估等，而且提到了很多使用者在运用学习目标时可能陷入的误区，给出避免陷入误区的措施，真正帮助师生完成从教学目标向学习目标的转变，让学习在学校真实地发生。

如何充分发挥学习目标在日常教学中的作用呢？这需要我们从三个方面下功夫：第一，深入理解学习目标的内容与特点；第二，充分利用理解性表现与成功标准支持学习目标的落实；第三，充分发挥学习目标在支持学生自我评估与教师差异化教学等方面的作用。

一、学习目标的内容与特点

学习目标究竟是什么？这本书给出了明确的定义：学习目标是指用学生能够理解的语言，描述学生需要深入理解的学习信息、概念、技能和思维等内容。学习目标有短期、长期之分，每节课的学习目标是短期学习目标，单元课程的学习目标是长期学习目标，短期学习目标应以长期学习目标为基础，并与未来课程的学习目标相联系。因此，教师在设计每节课的学习目标时，需要重点考虑单元学习目标和整体学习规划，不能孤立地进行。

教师在设计每节课的学习目标时，应思考课前与课中两个阶段的内容。课前思考包括学生在昨天的课堂上学到了什么，对已学的内容掌握到了什么程度，哪些地方仍然存在疑问，可以调用哪些知识进行迁移应用，接下来还要学习什么。课中思考包括这节课要学习的内容是什么，与学生之前学过的内容如何连接，如何加深学生对这些内容的理解，学生学会这些内容可以迁移应用到哪些场景中。有了这两个阶段的思考，教师对每节课学习目标的设计就会非常具体。

同时，教师应将长期学习目标与短期学习目标相结合，利用长期学习目标激发学生学习的动力，增强学生对短期学习目标的兴趣，交替运用两者鼓励学生完成学习。教师应明确意识到,具体的、指向明确的、可操作的短期学习目标,会为学生提供直接激励和行为指南,因此,可以设计难度适当的短期学习目标,借此消除课堂上分散学生注意力的因素,避免学生做不相干的任务,让学生学习时注意力更集中、更高效。同时,教师要经常明确短期学习目标与长期学习目标之间的关系,在不断增强学生学习动力的同时,也让学生了解自己所在的位置,随时进行自我评估。

如此一来,教师利用学习目标为课堂上的学习指明了清晰的方向,让师生成为课堂上的学习伙伴,朝着共同的方向努力;师生都非常清楚地知道每节课学生需要学习和了解什么,对新知识应该掌握、理解、应用到什么程度以及如何证明自己已经掌握了,最终要实现什么目标。这样,教师就以学习目标为基础完成了与学生的合作,使得教与学的进程可视化,最终帮助学生提高学习的效度。

二、理解性表现与成功标准

要想让学习目标可视化,就需要具体描述学生实现学习目标后将获得的理解性表现,以及达到的成功标准。

所谓"理解性表现",包括"表现"与"理解"两个部分。"表现"强调的是对学生学习行为的具体描述。"理解"包括两个方面:一方面,是指学生在完成学习行为的过程中对概念、技能等的理解程度;另一方面,是指学生借助具体的"表现"评估自己与学习目标和成功标准之间的距离,以及对自身学习情况的判断与理解。通过了解理解性表现,学生可以得出结论:"如果我这么做,我就会知道我实现了学习目标。"教师也可以得出这样的结论:"如果我的学生能做到这一点,我就可以判断他们实现了学习目标。"

理解性表现可以提醒学生随时收集自己的学习证据,证明自己确实实现了学习目标;还可以驱使学生不断思考学习目标强调的内容和需要掌握的必备要素，以及学习目标中包含的逻辑思维能力，同时为自己已经实现学习目标提供强有力的证据。因此，教师要精心设计理解性表现，这样才能使学习目标更好地发挥作用。

对成功标准，教师常常存在较多误解，认为是考试的分数、提交的作业或学生回答问题的质量等。其实，成功标准最大的两个特点是与理解性表现相匹配、使学习目标可视化。

特点一强调与理解性表现相匹配。要求成功标准利用"我能"句式、必学概念、技能清单、量规编写、示例编写、示范演示、自我提问等丰富的形式，帮助学生获得理解性表现。特点二——使学习目标可视化，需要成功标准清晰地描述学生在实现学习目标之前可能出现的不理解、勉强理解、基本达标、熟练直至精通等水平的具体状态，方便学生借助成功标准评估自己所处的学习状态，帮助自己不断前进。

如果学生经历的学习过程较为复杂，其中涉及较丰富的成功标准，我们可以借助量规，对每个能力涉及的成功标准分别进行等级描述，使学生在学习过程中根据自己的需要反复了解不同能力涉及的成功标准，并将它们汇总到一起。这样，不仅可以帮助学生设定每天的短期学习目标，还可以帮助学生逐渐通往长期学习目标。当然，在使用量规的过程中，应引导学生关注其中描述成功标准的语言，并期待他们运用这些语言来分享自己的评估，帮助他们更好地获得理解性表现。

三、学习目标与自我评估、差异化教学

学习是一个积极建构的过程，学生应该为自己的学习负责，在学习过程中主动完成自我评估，并依据自我评估制定新的挑战性目标，选择合适的策略不断完成自我提升。那么，如何运用学习目标培养学生的自我评估能力呢？

首先，学生自我评估的过程应开始于教师与学生分享学习目标的时候。因此，用能够支持学生进行自我评估的方式分享学习目标便非常必要。教师可以站在学生的角度用他们感到友好的语言将学习目标编写成量规，为学生提供各种学习目标范例，方便学生将学习目标具象化，还可以使用目标导向的语言帮助学生了解短期学习目标与长期学习目标的关系等。这些都能帮助学生在开始学习时及时进行自我评估。

等到学生进入具体的学习过程中时，教师可以针对不同类型的学习目标，选择不同的策略帮助学生完成自我评估。对掌握概念类的学习目标，可以指导学生运用自我反思策略进行自我评估，或是随时搜集、调查班级学生对某个概念的理解程度，有针对性地进行教学。对练习能力类的学习目标，则应鼓励学生使用自我反思或自我修改、同伴修改的方式进行自我评估。对涉及知识、数据的学习目标，可以鼓励学生利用数据追踪法进行自我评估。对涉及较复杂学习行为的学习目标，可以鼓励学生运用量规制定自我评估方案……

当然，在鼓励学生自我评估的过程中，教师还应关注学生自我评估的准确性与公平性，引导学生客观看待、评估自己的实际情况。教师也应尽可能地为学生提供描述性而非评判性的反馈，逐步帮助学生建立自己能够驾驭的自我评估模型。

同时，学习目标是帮助教师进行真正的差异化教学的核心要素。从学生的角度思考他们将要学习什么，是否会遇到阻碍，如果遇到阻碍要做些什么，是教师进行差异化教学的重要切入点。因为只有从学习目标的角度思考，教师才能真正了解学生对课堂学习的准备情况、兴趣与情绪状态等。

①从学习目标的角度了解学生已经掌握了学习目标中的哪些知识和技能，缺乏哪些知识和技能会成为实现当前学习目标的障碍，需要补充哪些知识和技能可以帮助学生实现学习目标，能够让教师的课堂设计更科学，课堂支持更到位。

②从学习目标的角度了解学生的兴趣与情绪状态，可以帮助教师和学生一起查明可能遇到的障碍，使教师尽可能地帮助学生创建与学习目标的连接，使学生的兴趣和情绪始终聚焦在学习目标上，更好地唤起学生学习的内动力，进而提高学习效率。

③从学习目标的角度分析学生的学习档案，可以帮助教师将关注的重点聚焦于学习目标和学生的学习背景、经验、学习准备情况之间的关联上。

接着，教师可以围绕学习目标，从学习内容、学习过程、学习任务、学习环境等方面入手规划自己的差异化教学。具体来看，学习目标是固定的，不同的学生可以选择不同的路径去实现。因此教师在分享学习目标时，可以提供多种不同的学习路径、成功样例供学生参考。

从学习过程来看，差异化教学的两大标志性特征——多样的课堂组织方式和灵活机动的教学展开方式，都需要以学习目标为标准，这样才能让教学有据可依。从学习任务来看，教师和学生可以运用学习目标评估已经完成的学习任务，进而了解当前状态与学习目标之间的差距，不断追求进步。至于学习环境的营造，教师关注的重点应是帮助所有学生专注于学习目标，努力为学生提供与学习目标一致的内容、任务、工具和平台等，而不是刻意求新、求变、求奇。这样才是真正的差异化教学。

综上所述，这本书不仅清晰地定义了学习目标，还给出了支持学习目标可视化的理解性表现、成功标准等重要概念的定义与具体运用方式，同时从学生的角度深入思考如何借助学习目标培养拥有自我评估能力的学生，并帮助教师完成真正的差异化教学设计。这些内容对日常教学都有直接的启发与借鉴意义，适合那些有志于成为优秀教师的青年教师和有志于进一步自我提升的成熟教师阅读，并据此对自己的教学实践不断进行调整、反思。

大家可以借助下面逐章概要按图索骥，找到自己需要的内容。

第一章：你将学会，如何把自己已经熟稔的教学目标有效地转化为学习目标。

第二章：你将学会，如何借助学习目标推进学生的学习，如何将学习目标与成功标准共同编织进教学内容中，根据学习目标设计理解性表现，帮助教师和学生有效地获取学习的证据。

第三章：你将学会，如何从学习目标的角度帮助教师提高向学生做出及时有效反馈的能力，如何借助教师及时有效的反馈助力学生成功实现学习目标。

第四章：你将学会，如何提供策略帮助学生设置可以掌握的学习目标，进而帮助学生产生高质量的学习成果，完成自我评估。

第五章：你将学会，如何通过学习目标提高学生自我评估的能力和选择有效策略的能力。

第六章：你将学会，如何利用学习目标、成功标准、理解性表现更好地进行差异化教学，为不同类型的学生定制个性化目标，并使学生在课堂上聚焦适合自己的学习目标高效学习。

第七章：你将学会，如何通过学习目标帮助学生提高高阶思维的能力。

第八章：你将学会，如何根据一个阶段的学习目标设计终结性评估任务。

第九章：你将学会，如何帮助教师和管理者调整自己的行为来助力学生更好地学习。

书的最后还附上了各种实用的教育教学工具供老师们参考。这确实是一本值得结合教学实践反复翻阅、学习借鉴的好书。

》张珊

学以致用 ❶ **如何良好地陈述学习目标**

我们都知道,有目标靶点的时候打靶才有意义,学习更是如此,有目标才能促进有效教学。学习目标是教师实现有效教学的必要保障,是学生实现有意义学习的首要前提。因此,在日常教学中,教师首先要清楚教学目标,明确课程涉及的教学内容,然后进一步将教学目标转化为有利于学生理解的学习目标。这样才能促进学生发生真实有效地学习。

一、陈述学习目标必不可少

学习目标是面向学生的,是教师向学生表达一节课、一个单元的学习内容以及为什么这样做的基本框架。通过学习目标,帮助学生明确要掌握的知识与技能。所以,有效的学习目标可以引导学生自觉地转到学习轨道上。教师精心准备、深思熟虑设计好教学目标后,还要将其转化为学习目标,并将学习目标陈述出来。这一步必不可少,否则,教学目标再好,也只在教师的脑中、心中,学生不知道、不清楚,无法转化为学生的学习,更不能促进学生自主持续学习。

陈述学习目标时,教师需要对一节课、一个单元的学习重点做出描述,告诉学生本节课、本单元要学的内容,要做的事情,要掌握的技能和方法,要提升的品质和素养。要达成这样的目的,学习目标的陈述就要从学生的角度出发,使用便于学生理解的友好的语言。

首先,要将学生视为学习的主体,使用第一人称"我"进行描述。毋庸置疑,学习目标是预设学生通过学习活动达成的结果,学生才是学习目标的行为主体。如果我们以教师为主体来描述,那就只能传递教师要做什么,要教什么,这是教学目标,而不能体现学生的主体性和主观能动性。

其次，要用"能""将要""可以"这样比较友好的词语进行描述，而不要用"必须""一定"这种过于强硬的词语。友好的表达可以拉近距离，便于沟通，而采用强硬的语句往往容易引起学生的逆反情绪。用"我能……""我将要……""我可以……"这样的句式进行描述，可以让学生感受到学习是自己的事情，是自己能够胜任的任务，而不是老师布置的任务。

二、陈述学习目标的三种方法

《聚焦学习目标》为教师提供了大量的方法，并通过具体的案例设计过程，帮助教师掌握陈述学习目标这一技能。

第一种方法是，用举例的方式对学习目标进行进一步补充。用第一人称将学习目标描述后，在后面添加一些例子，让学生知道通过什么样的学习行为就可以实现学习目标，这一点特别重要。

例如，生物学科有这样一个学习目标——"我能说出心脏的基本结构"，教师可以进一步补充："例如，能够说出组成心脏的四个腔，以及与之相连的血管。"这样，学生就知道做到什么程度就合格了。

第二种方法是，在描述具体的学习目标前，先加入一个情境，调动学生的亲身经历，激发学生快速投入学习过程中。

没有情境而习得的知识，常常是惰性的、不具备实践意义的。也就是说，没有内动力驱动的知识学习是不能长久的，并不会对学生的思维和生活产生积极影响。而情境化引入，指的是通过一定的教学设备和教学方法，真实再现用课本中知识体系所构筑的背景环境、现实生活应用场景，或者提供接近专业的科研背景等，通过更加直观的方法，使复杂抽象的理性知识变得简单形象，让学生更好地吸收、转化和应用。

例如，初中生物"性状遗传有一定的规律性"一节，在一些教案中，我们会看到这样的学习目标——"能弄懂相对性状的遗传方式及其与显隐性基因的关系，掌握计算遗传概率的方法"。在这个目标中，有相对性状、显隐性基因、遗传概率等抽象内容，学生不容易接受。那么，如何改进学习目标的陈述呢？我们引入了学生的亲身经历来引发其思考："想一想你的家族里有哪些典型性状，比如双眼皮、有耳垂，总结该性状在家族成员身上的表现，然后推测该性状的遗传方式。"此时，学生就可以快速进入学习情境，他们特别想知道为什么父母都是双眼皮，而自己是单眼皮，进而展开相关学习，推测遗传方式。从这里可以看出，在陈述学习目标的过程中，教师有目的地引入、创设具体的场景，可引发学生一定的情感体验，从而帮助学生理解学习目标。

如果陈述某个学习目标时，不容易找到与之相关的学生熟悉的经历，就可以使用第三种方法。

第三种方法是，创设一段新的经历。这样的经历可以是一个表演、一段音乐或者一个小实验。

中学阶段是学生心理和生理发展的重要时期，他们亲身经历的事物相对较少，对各种事物往往都有强烈的好奇心，教师可以根据这一特点，创设一段新的经历，引导学生带着好奇心进入学习，启发他们思考，从而帮助他们理解学习目标。

例如，在初中物理教学中，对声、光、电、力等一系列自然现象的学习都非常适合采用创设一段新的经历的方法。教师可以根据学生的认知规律以及心理特点，有针对性地创新物理教学情境。"永不降落"的纸飞机和学生平时折叠玩耍的纸飞机并不相同，教师在演示"永不降落"的纸飞机后，再引入学习目标——"能够利用流体的压强与流速的关系解释升力产生的原因，进而解释飞机在空中飞行的原因"，便可以为物理教学带来焕然一新的局面。这不但能够帮助教师更快、更高效地传递学习目标，也可以帮助学生快速理解学习目标，明确要学习的内容。

再如，在初中生物"脊椎动物的生殖"单元中，教学设计希望学生能够了解各脊椎动物类群的繁殖行为，掌握其生殖方式，最重要的是认同脊椎动物生殖的多样性和适应性。如何陈述这一学习目标呢？我们为学生准备了大马哈鱼求偶受精过程、青蛙生殖、白鹭交配的视频和海龟生长发育的纪录片。学生观看后感到震撼。此时再提出学习目标——"总结动物的繁殖方式是如何适应环境的"，学生就会觉得学习内容鲜活有趣。

三、陈述学习目标的误区

陈述学习目标的误区主要有以下几种。

1. 举例不恰当

学习目标作为预期的学习结果，是学生经历学习活动后应该实现且能够实现的。也就是说，陈述的学习目标，应该是基于学生的实际经验和能力水平，不能忽略学生可接受的水平和掌握程度，不能偏离学生的实际情况，而且举例不能太多，要求也不能过高或过低。在一节课中陈述学习目标时举例十几个甚至几十个，就是典型的举例太多。还有教师这样对七年级学生进行学习目标陈述："我能熟练掌握因式分解法，能在1分钟内完成10道因式分解题，准确率达100%。"这不属于举例说明，并且超出了实际学习目标的要求。

2. 增加的情境本身并不是目标

把特定情境或一段经历当作学习目标，是陈述学习目标的又一个误区。特定情境或一段经历，仅是学生理解学习目标的一个台阶。通过特定情境或一段经历，可以帮助学生了解学习目标，进入学习过程，但情境或经历本身并不等于学习目标，它要服从和服务于学习目标。

例如，在陈述学习目标时写出"牛奶是营养价值很高的食品，总结牛奶等食物中六类营养物质的名称及其主要作用"，很明显，这里的"牛奶是营养价值很高的食品"只是一个情境，与学习目标关系并不大。

3. 创设的经历缺乏合理性

创设一段有利于学生学习的经历，可以激发学生的学习兴趣，使学生更好地理解学习目标，参与到课堂活动中。创设经历的要求过高，可能会导致学生无法融入并体会相应的经历，最终无法帮助学生更好地理解学习目标。所以，教师在陈述学习目标时要特别注意，创设的经历不能脱离学生的实际，也不能脱离教学内容。

例如，在初中语文《刘姥姥进大观园》的教学中，教师播放了《红楼梦》电视剧中刘姥姥进大观园的大量片段，让学生观看。学生的注意力可能更多地分散到表演者的演绎方式上，而无法聚焦学习目标——"分析人物的性格特点，学会刻画人物的方法"。

》吴琼

> 学以致用 ❷

与学生一起分享学习目标

《聚焦学习目标》告诉我们，在教学过程中要与学生一起分享学习目标。分享学习目标，是指我们使用多种策略来确保学生理解每天的学习内容，并以此为目标。与教学目标不同，学习目标是以学生为主体的，所以分享学习目标时要用便于学生理解的语言。学习目标是学习的起点，也是评价学习成效的终点，分享学习目标不仅对教师教学，对学生学习也是至关重要的。

一、分享学习目标的环节常常被教师忽略

分享学习目标的环节在整个教学中是不可或缺的，教师对它的重要性往往认识不到位，经常忽略它。其实，它既可以辅助学生学习，也可以帮助教师教学。

1. 分享学习目标可以领航学生的学习

从学生的角度编写学习目标，并在每天的课上与学生分享，可以领航学生的学习。只有目标清晰，学生才会将精力和资源集中于选定的方向上。目标是努力的依据，目标能给学生一个看得见的彼岸。随着学习中目标的渐渐实现，学生会产生成就感，所以，与学生分享学习目标有助于激发学生的学习动力。

同时，学习目标提供了一种自我评估的重要手段。学生可以根据学习目标衡量学习的进展，随时进行自我评估，并对学习状态进行调整。这有助于学生对学习成果不断进行完善，从而提高学习效率。另外，与学生分享学习目标也有利于提高学生的自主学习能力，这样，学生就不再把学习看成一种被教师控制的过程。

2. 分享学习目标可以促进教师反思教学

教师与学生分享学习目标，也是对教学进行反思的好时机。此时，教师可以再次审视目标设计是否合理、是否符合学生的认知水平、是否达到了课程标准的要求、是否立足于学生能力和综合素质的培养。教师还可以借此机会明确每节课的学习重点，这有助于教师站在学生的角度设身处地地进行教学设计，更好地指导教学策略的选择与实施。

总之，与学生分享学习目标，可以促进教师的教学反思，也有利于教师对教学进行及时调整与自我评估，从而使教学设计和学习目标更匹配，达到更好的教学效果。

二、分享学习目标的"三个方面"

分享学习目标，不是简单地将学习目标列出来，或者对其做个简单介绍。我们常常看到有的教师将学习的内容划分为几条，在课堂上读一遍，或者在投影仪上投影出来。这样做充其量只是告知，至于学生是否理解、是否明白、是否知道怎样做，还是个问号。如果学生并未理解学习目标，可能就会很困惑并且产生放弃心理，至少会失去对学习的兴趣。

分享学习目标是指教师使用多种策略和方法，确保学生识别、理解每天的学习内容，并以此为目标，帮助学生看见每天学习的意义。分享学习目标包括三个方面的内容，即分享学习目标、分享理解性表现和分享成功标准。分享学习目标，要将这三个方面的内容结合起来。

在《聚焦学习目标》中，作者对上述每个方面的内容都有介绍，而且提供了相关框架。

1. 与学生分享学习目标

学习目标是由教学目标转化来的，教师制定教学目标后，转变视角，从学生的角度进行描述，使其成为学生可以理解的学习目标。

学习目标的用语必须是描述性的、具体的、适合发展的、学生好理解的。如何有效地与学生分享学习目标？该框架的启动提示为：

这节课，我们将学习……

学习这项内容对我们而言十分重要，因为……

例如，历史课针对"宋朝"这部分内容，可以和学生分享："我们将学习宋朝在政治、经济、文化与社会方面的新变化。学习这项内容对我们而言十分重要，因为这项内容对我们全面了解宋朝的情况、掌握客观评价历史时代的方法有重要意义。"

2. 与学生分享理解性表现

理解性表现，就是描述学生实现了学习目标，理解所学内容之后的具体学习行为表现。理解性表现的关键是"理解"，它一方面是指学生对概念的理解程度；另一方面，借助理解性表现的描述，学生和教师可以进行评估，以此判断是否达成了学习目标。也就是说，通过分享理解性表现，学生可以知道："如果我这么做，我就会知道我实现了学习目标。"教师也可以由此判断："如果我的学生能做到这一点，我就可以判断他们实现了学习目标。"

理解性表现是分享学习目标的一个很好的方式，将对学习目标的描述与"我可以"的陈述结合起来，可以使学习目标具体化。该框架的启动提示为：

如果我可以……那么我就会知道我已经达到了学习目标。

例如，针对"宋朝"这部分内容，我们可以与学生分享："如果我可以从政治、经济、文化、社会等基本维度入手，辩证地评价宋朝，写出历史论述小短文，那么我就会知道我已经达到了学习目标。"

3. 与学生分享成功标准

即使学生有强大的理解力，也不一定就是神枪手，如何保证学生的学习不脱离学习目标这个靶心呢？分享成功标准是重要的一环。成功标准就是达到学习目标的证据，它从学生的角度回答了这样一个问题："我知道我实现了学习目标，因为……"所以，成功标准一般都是非常具体的，而且是可理解、可测量的，是与理解性表现相匹配的。学生可以使用这一标准来规划、监督并评估自己的学习进度。

例如，针对"宋朝"这部分内容，我们可以与学生分享历史小短文的成功标准："理解题意，观点鲜明正确，辩证分析问题；紧扣问题，就问题展开多角度、多史实全面论述；史实运用恰当、准确；逻辑严密，条理清晰，史论结合，有自己的观点和思想。"并且配上若干份优秀的论文，便于学生对比理解。

三、分享学习目标的方式

在课堂上，可以将学习目标、理解性表现和成功标准结合起来，通过不同的方式与学生分享。

书中提供了两个适合口头分享学习目标的框架。一个是"四步式"框架。该框架采用一组"启动提示"从学生的角度分析了学习目标，既概括了学习内容，解释了学习方法，也描述了完成学习目标所需要的知识与技能，并关联了实际应用。该框架的四个启动提示为：

我们将学习……

我们将证明自己可以通过……

为了解学习目标的达成情况，我们将发现……

学习这项内容对我们而言十分重要，因为……

另一个是"我能行"框架。该框架将对学习目标的描述与"我能行"的陈述结合起来，描述了对每天学习的理解性表现，并将成功标准转换为学生能够理解和发现的过程。当学生说出"我能行"时，就说明他们已经知道自己要实现的学习目标了。

除了上述两种框架，书中还提供了其他策略，可以帮助教师有效地与学生分享学习目标。例如，用量规或作业与学生分享学习目标，提出有针对性的热身问题等。

总之，应通过分享学习目标，确保学生真正理解学习目标和成功标准。学生如果没有理解学习目标，就会感到困惑，甚至会产生放弃心理；如果没有理解成功标准，可能就会对实现学习目标信心不足。所以，分享学习目标时，"三个方面"都不能遗漏，并且要确保学生理解了。

》王昊

学以致用 ③

戏剧课程学习目标的再思考

在艺术学科，特别是戏剧课程的教学中，对课堂教学效果常常难以把握。因为没有具体、科学、可量化的评估方式，我对学习目标的设计感到难以下手，于是我认真阅读了《聚焦学习目标》。读后深感这是一本非常实用的教学工具书，给了我许多灵感。

一、戏剧教学困扰我的问题

戏剧教学中有以下问题困扰着我。

第一个问题是，戏剧课程的剧本离学生的日常生活较远。

戏剧课程大多数以经典剧目为主，这些剧目的创作者都是大师级人物。戏剧课程选择这些剧目，显然没有问题，但是，这些剧目离学生的生活较远。学生日常所接触的语文、数学、英语、物理、化学以及网络游戏、短视频等环境中，没有激烈的阶级斗争，没有迫不得已的生离死别，也没有食品与资源的极度匮乏……学生与这些剧目所处的年代相距甚远，与所饰演角色的年龄也相差很大，这导致剧目中的情节，人物的动作、语言、神态，学生都无法感同身受。

第二个问题是，如何设计学习目标，使课程的育人价值得到挖掘。

以《雷雨》为例，学生上课时特别期待，课程伊始总会反复问："我们什么时候排《雷雨》啊？"可是，等到学期快结束的时候，学生又会问："我们怎么还要排《雷雨》呢？"这个学期我们选择的戏剧就是《雷雨》，《雷雨》课不排《雷雨》，难道排《茶馆》吗？然而，学生的问题促进了我的反思：《雷雨》课只能排《雷雨》吗？我们为什么要排《雷雨》呢？心中自然冒出来的答案是，因为《雷雨》经典啊，因为情节扣人心弦，语言精练含蓄，人物各具特色，是"中国话剧现实主义的基石"、中国现代话剧成熟的里程碑啊。

进而我又追问自己：如果这样，那我们为什么要开设戏剧课程，开设话剧课程？开设这些课程的意义是什么呢？我们该如何设计课程，落实课程的育人目标呢？

对前两个问题，我的答案是人生并没有剧本，但我们可以书写自己的剧本。在戏剧中，我们可以尽情体会书写人生剧本的快乐。戏剧有着独特而伟大的生命力，与一代又一代的人保持着紧密的联系，与整个人类漫长的历史与情感做联络。想到这里，我感到非常通透。但一想到第三个问题，我就不禁再次陷入沉思：要如何将这些内容落实到课程中去呢？戏剧课程，除了"声、台、形、表"之外，还有什么可以作为评估标准呢？此时，我的困惑聚焦到学习目标上，也就是如何设计既切合学生实际又有意义的学习目标。我觉得这是解决第三个问题的关键。

二、设置开放性学习目标

《聚焦学习目标》对解除我的困惑很有帮助，特别是在学习目标的设计方面给了我启发。

原来一直以为学习目标设计好，就可以用具体、准确的量规去评判学生的表现，从而判断学习目标是否达成；还为没有可靠的评估标准而苦恼。而《聚焦学习目标》中说，不建议制定特定任务表现方式的量规，因为特定任务易将判断能力和批判思维排挤出该任务，将思考变成填写"正确"答案，易使学生失去学习本身所带来的重要益处。我们不妨退一步思考，通过设置开放性学习目标，脱离表演本身，或许能收到更好的效果。于是我开始尝试改变。

在戏剧《雷雨》课程开始的一个月，分别进行了戏剧语言、动作训练以及第一次围读剧本，学生对剧中人物有着不同的理解与认知，很多学生不自觉地将剧中人物分为"好人""坏人"两大阵营。于是，我设计了名为"审判日"的单元，本单元我根据认知难易程度设计了三个学习目标。

①我能够了解戏剧语言，这是为直观地表现人物关系变化、塑造人物形象服务的。

②我能够通过分析剧中人物的语言、动作、神态等，从多角度辩证地认识剧中的角色。

③我能够将在戏剧课上辩证看待人物的认知带入日常生活中，积极友好地对待身边的人与事。

之所以设计这样的学习目标，是因为我观察到生活中贴标签的场景屡见不鲜，人们在社交软件中、短视频平台上，甚至对身边的人，都喜欢贴标签。这样做无疑否定了人的多样性，否定了人性的复杂，不利于学生形成健康积极的人生观和价值观。学生在《雷雨》学习的初期，也暴露了对人物进行极端分类的情况。我希望通过设计更加开放的学习目标，跳出《雷雨》，引导学生将在戏剧课上辩证看待人物的认知带入日常生活中，积极友好地对待身边的人与事，树立正确的人生观和价值观。

三、结合学生的实际，设计学习任务

在阅读《聚焦学习目标》时，第一章对行动要点的阐述对我设计学习任务启发很大，书中写道："每天的课都应有益于未来更大的学习目标，是长期学习轨迹的组成部分。"这启发我在设计学习任务时，在表演上不过于追求，而在表演之外，借助《雷雨》这个载体，让学生形成健康积极的人生观和价值观以及与人交往的正确认知，认识到人是立体的，不能以简单的"好""坏"评价一个人。

1. 在"真实"的审判中，形成辩证看待身边人与事的认知

在"审判日"单元，我们设计了"真实"的审判任务。由于学

生已经用"好人"和"坏人"给《雷雨》中的每个人物贴了标签,我们假定一种场景:腐朽的封建社会被推翻了,学生眼中的两个"好人"——天真烂漫的纯情少年周冲和疾恶如仇的热血青年鲁大海,决定作为原告将"坏人"告上法庭,让法庭去审判他们的罪行(这里的罪行并非真实犯下的触犯刑法的事情,而是伤害到两人或违背道德准则的事情)。学生眼中的"坏人",就是四名被告——儒弱且欺软怕硬的周萍,图财害命的封建大家长周朴园,精神错乱、与周萍有不伦之恋的蘩漪,以及十足的市井小人、贪得无厌的鲁贵。

我们根据以上六个人物将学生分为六组,两组原告,四组被告,每组仔细研读剧本,准备后面的庭审。原告组周冲大义灭亲,搜集自己亲生父母的犯罪事实。原告组鲁大海则去"手撕"周萍和鲁贵,这两个人在剧中一个受了鲁大海的拳头,一个被枪逼着认错。被告组在准备过程中则要在剧本中找出他们除了伤天害理之外,还有哪些语言、行为甚至表情能够证明他们不是一个"黑暗"的人物。在课程实施过程中,原告组叙述完,被告组进行辩护。双方发言完毕后进行辩论,形式与辩论会相似,大家互相质问,互相用事实去辩解。这场审判哪方获胜不重要,重要的是通过这场辩论学生理解了每个人都是多面的、立体的,从不同的角度看待被告的所作所为会有不一样的理解与思考,进而领悟到要辩证地看待身边的同学和朋友。

2. 在真实的体验中,学会友善待人

近些年校园霸凌事件时有发生。这些事件的发生,与学生不能很好地理解周围环境、无法辩证地看待身边的人和事有关。要避免学生陷入误区,开设戏剧课程是一个很好的方法。在戏剧课程中,学生通过对剧中人物的分析,可以设身处地地感受剧中人物思考问题的方式、看待问题的方式、与不同的人交往的方式;学生在扮演角色的过程中,不仅"感同",而且"身受"。在培养学生健康积极的人生观和价值观方面,戏剧课程有其独特的价值。

在"审判日"单元，学生对辩证地看待身边的人与事有了初步认知，我决定趁热打铁，设计"捏人展览"的任务，让学生感受霸凌事件会给同学造成的伤害与困扰，坚决不做"霸凌者"。

"捏人展览"这个任务需要小组合作完成，每个小组用"捏人"的方式塑造一个或多个被欺凌学生的形象，以照片或视频等形式记录下来，并撰写一段参与此次活动的体会，最后在学校的公众号上或微信朋友圈中做云展览。

学生可以想象被欺凌同学的特征，比如虽然学习好但融入不了集体、走路跛脚、说话磕巴、表情狰狞，等等。

最终学生创作的作品既有泥塑、雕塑，也有自编的校园短剧，发在微信朋友圈等社交平台上，获得老师、家长和同龄人的热议。通过收集上来的活动体会，我能感受到学生将自己带入所创设的情境中，对霸凌事件的受害者感同身受，学会换位思考，不冲动行事。

《聚焦学习目标》中说道："任何一个学习目标都应成为学习（生活）轨迹的一部分，这个轨迹可以通往更远的地方。"我想，艺术课程可能就不是一个以知识与技能为目的的学科，而是能让人生活得更幸福、更惬意的路径。

在设计学习目标时，我没有给出特别具体量化的内容。在学生学习过程中，也没有以一个具体量化的标准去衡量学生的活动，而是根据学生的实际问题，立足课程的育人价值设计学习目标；结合学生的实际，设计符合学生认知的学习任务，在教学过程中随时观察学生的语言、行为、神态，并适时加以引导。在这条路上，我会不断探索。

》陈佳

学以致用 ④

基于学习目标的评估让学习真实发生

教师都希望把学生教会,希望学生每一节课都有收获,但实际情况往往是教师在课堂上讲了一箩筐,学生掌握的却寥寥无几;或者设计了一些学习活动,学生也很投入,课堂热热闹闹,但一进行考查评估,就会发现很多知识学生的理解只是浮于表面,他们并没有真正学会。这些一直困扰着老师们。

《聚焦学习目标》对上述问题给出了答案:这是因为教师不知道学生到底学会了没有,学生也不知道自己到底达成了学习目标没有,师生对学习结果都缺乏清晰的评估证据。进一步,作者指出,学习目标是培养学生自我评估能力的基础,当学生具备自我评估意向、掌握自我评估方法时,学习才能真正发生,教师的职责才算真正完成。

那么,如何发挥学习目标在培养学生自我评估能力方面的作用呢?笔者根据书中的理论进行了实践探索。

一、运用形成性学习环培养具备自我评估能力的学生

一个形成性学习环,始于学习目标。学习目标制定后,教师要在课堂上向学生解释,并把它转化为成功标准。学生在理解学习目标与成功标准后开展学习,在学习过程中不断与成功标准进行比照,判断当前学习处于什么位置,进而调整学习策略,缩短与学习目标的距离,不断达成学习目标。在学生学习一段时间后,教师要及时提供有效反馈,帮助学生更准确地评估哪些方面做得好、哪些方面还有待提高。教师的反馈还可以帮助学生确定下一步应该尝试哪种学习策略。这样就形成了一个形成性学习环:学生明确学习目标—开展学习活动—进行自我评估—调整学习策略—教师提供反馈评估—学生调整

学习策略—优化学习活动—达成学习目标。

例如，在一节高三地理复习课中，针对"结合示意图说明永定河水患的原因"这一学习任务，教师从影响因素和因果关系两个维度、三个层级给出成功标准（见表3-1）。

表3-1 针对具体学习任务的成功标准

	专家级	专业级	业余级
影响因素	能从地理环境的整体性出发，自然、人文因素全面，且正确	包括自然与人文因素，且都正确，但个别因素缺失	没有区分自然、人文因素，缺失因素较多，或不是主要因素
因果关系	能结合示意图，分别从不同的相关环节逐条说明，关系正确	能结合示意图，因果关系对应正确，个别环节缺失	没有结合示意图，因果关系不明显，或因果倒置，关系错误

在课堂上，学生先按照学习目标独自学习，同时比照成功标准，明确自己的学习状态，并根据成功标准中较高级别的学习行为，一点点向前迈进。教师在学生之间巡视，对突出问题给予及时指导。接着以小组为单位相互交流，达成共识后各组派出代表在全班汇报，效果很好。

二、利用三个引导性问题支持学生进行自我评估

"我要去哪里？""我现在在哪里？""我如何缩短与目的地之间的差距？"这三个问题分别指向学习目标、学习起点、学习路径和策略，学生可以在它们的引导下，通过持续的自我评估，实现学习目标。

书中给出了以下策略。

针对问题一"我要去哪里"，策略如下。

①师生一起编制量规，或让学生表述制定好的量规，使学生更加熟悉学习目标，帮助学生理解学习过程中最重要的是什么。

②教师为学生提供各种层级的学习范例，让学生将成功标准应用于分析这些范例。

③告诉学生今天的学习与今后整个单元学习的关联性，让学生对学习有全景认识。

针对问题二"我现在在哪里"，策略如下。

①对概念掌握的学习目标，进行自我反思，用完全会、部分会、完全不会等来明确自己现在所处的位置。

②对涉及写作的学习目标，使用自我修改或同伴修改的方式。例如，一篇报告可以让学生自己或同伴修改。

③对涉及事实的学习目标，使用追踪法。比如，把测验成绩绘制成曲线图，对问题进行分类，评估自己的学习状况以及改进策略。

④对涉及教材内容的学习目标，采用总结或自我测试的方法。例如，用自己的语言总结阅读的内容，与同伴讨论阅读概要等。

⑤对涉及复杂行为表现的学习目标，使用带有量规的自我评估方案，运用量规评估自己目前的学习状况。

⑥通过与成功标准对比，探讨学生自我评估的准确性和公平性。

⑦提供描述性而非评价性的反馈，通过对学生的学习结果和成功标准的比较，建立准确的评估模型。

针对问题三"我如何缩短与目的地之间的差距"，策略如下。

①通过对学习结果和成功标准的比较，帮助学生建立可及且准确的目标。

②将聚焦目标的学习策略作为整个学习单元的组成部分。

③提供反馈，确定与成功标准相关的成长策略，并让学生有机会利用反馈加以改进。

三、设计外显的评估方式实现学习目标

针对自我评估,书中讲了很多观点和方法,归纳为一句话,就是让学习目标贯穿课堂始终,在学习目标的指导下,实施各种评估方式,帮助师生清晰了解学习目标的达成情况。下面几种评估方式在实践中比较容易操作,效果也比较突出。

1. 学会了吗?说出来

学完一个概念、一个原理后,学生到底学会了没有?教师在课堂上如何快速了解学生的学习情况?通过师生互动、观察等传统方法很难了解学生学习的真实状况,等到做练习或者考试时才发现学生没有学会,就会错过最佳补救时机。现在,我们经常使用的方法是让学生说出来。说的过程就是自我评估的过程。学生在说的过程中会暴露出对知识的识记、理解、运用等情况。

首先,学生自己说一遍,然后对同桌说一遍,最后再在小组中说一遍。教师在教室里走动巡视,仔细听学生的表述情况。

即使这样,教师也不能完全搞清楚到底哪个学生还不会。怎么办?此时可以设计脚手架和成功标准,让学生借助脚手架、对照成功标准来说。这样,学生的自我评估就会更加聚焦,更加准确。

2. 思考了吗?写出来

课堂上学生到底思考了没有,直观上很难评估。可以让学生写一写,把头脑中的东西外显出来。这样就可以了解学生到底思考了没有,也可以了解学生的思维水平。例如,在学习"自然环境的整体性"时,有这么一个观念:"自然环境各组成要素作为整体的一部分,与其他要素相互联系,相互作用。在景观上,它们总是力求保持协调一致,与环境的总体特征相统一。"教师讲完后为了评估学生是否理解了,就布置了下面的任务:"请任选一个区域,比如中国的西北地

区，通过画关系图的方式，揭示出地理环境各要素之间的相互联系、相互作用，从而体现与环境的总体特征相统一。"

学生在写的过程中需要把气候、植被、水文、土壤、地貌等地理环境五个要素的关系揭示出来，借此可以评估学生是否具有整体性的思考，是否理解了上述概念。

3. 读了吗？画出来

在学习新内容前，学生都有自主学习的过程。有的学生在自主阅读的过程中读过一遍，合上书心里一点儿印象也没有，书中讲了哪些内容一点儿也说不上来。如何帮助学生评估阅读效果呢？我们采用了让学生"画出来"这种外显的评估方式。学生可以根据自己的习惯，利用思维导图、概念图、流程图等方式画知识框架。这一过程，既可以评估学生的阅读效果，也可以促进学生对所学内容的梳理和记忆，更会加深学生对主干知识的理解。

总之，运用学习目标支持学生进行自我评估，要让学生回答两个问题："我今天学的是什么（指向学习目标）？""我如何知道自己已经掌握了（指向成功标准）？"教师也应该回答对应的问题："这节课，对学生而言最重要的是什么？""我如何知道他们已经掌握了？"只有对这些问题不断思考和回答，才能保证学生的学习真实发生，才能保证教学真实有效。

》何永德

> 学以致用 ❺

使用学习目标开展差异化教学

如果能够开展差异化教学，就可能会收到更好的教学效果。然而，差异化教学是什么？如何开展能将学习目标落实到位的差异化教学？

《聚焦学习目标》对此进行了系统的阐述，更新了对差异化教学的很多传统认知。在以往的研究中，不少人认为，差异化教学就是根据学生的差异而开展的教学。书中则告诉我们，差异化教学不仅要基于"学生不同的背景知识、语言基础、学习偏好和兴趣"展开，还要提供适切学生需求的不同的学习途径、学习资源和教学组织形式，更重要的是要帮助每个学生都有效地学习，达成他们自己的学习目标。也就是说，学习目标是指导、确定差异化教学如何开展的关键。

一、学习目标是差异化教学规划的核心

学习目标直接面向学生，更能反映学生的学习需求、学习兴趣和学习起点，它是保障差异化教学真正落实的关键。在实施中我们发现，确定学习目标的过程与规划差异化教学的过程几乎是同步的，这为学习目标的确定与差异化教学的设计适配提供了客观条件。

具体而言，差异化教学的规划在以下三个方面与学习目标紧密相连。

1. 准备状态

要确定学生的准备状态，需要确定三个问题：第一，学生现在处于学习目标的什么位置？第二，学习目标的哪些部分学生已经掌握？第三，学生缺乏哪些知识是学习目标达成的障碍？

我们可以参考这三个问题，运用课堂讨论、学前测试等常规方式对学生的准备状态进行简单的了解。

2. 兴趣和情绪状态

兴趣永远是最好的老师，情绪则是影响学习效果的重要因素。教师可以通过观察、交谈、正式的课堂调查等确定学生的兴趣和情绪状态。这里要注意，在学习过程中，教师要尽量使学生的兴趣和情绪聚焦在学习目标上。

3. 学习档案

教师应当学会从学习者的角度来思考学生想要达成什么样的学习目标，引导学生学会评估在达成学习目标的过程中会遇到怎样的困难，以及如何解决这一困难，帮助学生建立自己的学习档案。学习档案的建立不是一蹴而就的，而是不断完善的，甚至一直延伸到学习过程的结束。

二、扩展规划模式是差异化教学的新航路

差异化教学的设计和实施需要基于一定的规划。在传统规划模式下，教师特别关注知识内容，制定教学目标，然后设计教学来实现这些目标，最后进行评估。这种传统的规划模式无论怎样变形、发展，其内核都没有改变，那就是——教师只规划自己要做的事，并不真正关心学生动态的学习需求。

《聚焦学习目标》提出了"扩展规划模式"。在学习目标的确定、学习活动完成的指导、学习目标的评估等方面对传统规划模式进行了扩展。具体实施如下。

①从课程标准开始，选择其中一个方面，作为学习规划的起点。

②列出学生在努力实现共同的学习目标时更加适切其学习的个别

化目标和成功标准。

③为每个学习目标列出尽可能多的指导与支持活动。

④列出不同的评估方式，以展示学习目标在理解层面的表现。

⑤为学生在学习目标上的表现制定一个通用量规。

这里，我们将结合十一学校高中语文教学实际，以《边城》整本书阅读单元为例，展现一个始终以达成学习目标为核心的差异化教学是如何设计和开展的。

1. 根据课程标准，确定单元目标

首先，本单元属于课标中"整本书阅读与研讨"学习任务群。该任务群要求学生通过学习形成适合自己的读书方法，提升阅读鉴赏能力，深入思考文化内涵，形成正确的世界观、人生观和价值观。具体到《边城》整本书阅读单元，学习目标聚焦在两个方面：一是整本书阅读的方法，二是整本书内容和思想的理解。

2. 将教学目标转化为学习目标

根据课程标准和单元目标，我们确定了教学目标的大致方向，进而需要将教学目标转化为学生好理解的学习目标，但学习目标的细节，还需要调查、评估学生学习的起点才能确定。

首先，学生此前已经阅读了《西游记》《四世同堂》等不少长篇小说，对《边城》这样的中篇小说接受度高。其次，《边城》是一本情感细腻、人物复杂、意境悠远的小说，学生对其中有关青少年情感、湘西风俗文化的内容很有兴趣。再次，学生对悲剧的理解并不深刻，他们并不理解没有过错且相爱的两个人为什么不能在一起。这个结局成了引发学生深度阅读思考的兴趣锚点。

因此，我们设置了本单元的核心问题："边城"里的人为什么不能走进彼此的世界？

解决这一问题的路径其实很多，我们根据学情设计了两种学习路径：一是从学生阅读小说时最直观的对象——人物分析入手，它灵活度较低，易于操作，基础性强；二是从学生学习动机较为强烈的研究性课题入手，它灵活度高，关涉的能力点多，延伸性强。而且，这两种学习路径都指向《边城》整本书阅读的方法和内容的理解。由此，我们设计了以下两项学习活动以及与之匹配的学习目标。

活动一：由人物自传走进《边城》。

学习目标：

①通过梳理、分析《边城》生动的人物形象、淳朴的风土人情，了解作者勾画的理想世界和寄予的美好感情。

②通过细腻地分析人物形象、自然环境与社会文化，对文本信息加以提炼和重构，以"创作型读者"的身份为主要人物作传，深入理解人物的核心特征与内心世界。

活动二：由课题研究走进《边城》。

学习目标：

①通过梳理、分析《边城》生动的人物形象、淳朴的风土人情，了解作者勾画的理想世界和寄予的美好感情。

②通过一定的学术指导，学会检索、筛选和分析与意象相关的文献资料，结合文本分析，深入理解意象在作品中所表达的意义。

3. 建立学习工具箱

我们提供了许多工具、方法、活动，让学生在学习过程中更加游刃有余。

例如，①教师提供与小说内容相匹配的边城地图，请学生标注核心事件发生的地点、人物、事件概述。②教师提供汪曾祺、曹文轩等撰写的关于《边城》的资料，学生梳理、筛选对完成学习任务有用的信息。③教师提供意象类课题研究的步骤图，学生学习并理解课题研究的基本流程，等等。

4. 观察并帮助学生完成相关活动

在具体实施过程中，教师应及时跟进学生学习的重要节点，比如人物自传的撰写大纲，课题的研究方法、研究大纲等。教师既要给学生提供充分的学习和思考空间，又要随时为学生的学习给予支持和指导。

5. 创建多样化评估方式

差异化教学必须有灵活的差异化评估方式。评估方式可以是简单评估，比如，写一个符合要求的情节补白，用简短的话说明你的人物自传的亮点，以及你认为哪一个重要节点的转变能够改变《边城》悲剧的结局。也可以是复杂评估，比如，参与年级的研究性学习课题申报，并通过研究性学习的课题答辩。

6. 确定成功标准

那么如何判断学生是否达成了学习目标呢？这需要确定成功标准。所谓确定成功标准，是指列出成功标准的清单。通常的做法是将一般的通用量规改变制作成本单元的量规。量规可以提前发给学生。让学生在学习的起点就明白自己的终点在哪里，能使学习之路更加清晰。

》华雨

第四辑

通向理解之门的学习

> **全书导读**

逆向设计，教学设计的新思维

《追求理解的教学设计（第二版）》

格兰特·威金斯
杰伊·麦克泰格 著

闫寒冰 宋雪莲 赖平 译

华东师范大学出版社

教学设计一般包括教学目标、教学重难点、教学过程、板书设计、教学反思等环节。可是教师在开始教学实践时，往往更关注教学过程、教学策略、教学方法，而忽视教学目标。一节课结束时，教学目标有没有达到、教学效果如何、学生学习的结果怎样，这些可能要等到阶段检测或者期中、期末考试时才能见分晓。那时老师们会很苦恼：为什么讲了那么多遍，学生还不会？而《追求理解的教学设计（第二版）》给我们提供了关于教学设计的全新视角、不一样的思路。

《追求理解的教学设计》由美国著名课程理论专家格兰特·威金斯和杰伊·麦克泰格共同撰写。

这本书对当前落实核心素养的教学实践有很好的借鉴价值。概括地说，这本书对课堂教学最富启发的地方，也是这本书的核心内容和特色，就是逆向设计的三个阶段（见图 4-1）。

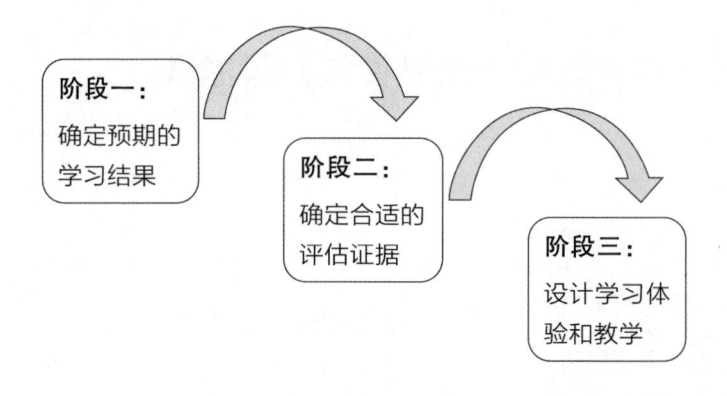

图 4-1 逆向设计的三个阶段

一、何为逆向设计

所谓逆向设计,是指教师在进行教学设计时,首先要确定预期结果,即学生在学习后达成的目标。"以终为始",用学习结果来组织学习过程,是逆向设计的核心。以往,我们常常更关注学习内容,逆向设计将我们从"内容导向"引向"目标导向"。设计教学内容或活动时,首先思考"学习这些内容的目标是什么""为什么要求学生学习这些内容""学习这些内容对学生的成长有什么作用"……通过这样的自省,对习惯的做法进行反思,从而明确学习内容的优先次序。

逆向教学设计还强调"评估前置"。在常态教学设计中,教师习惯于将评估放在教学实施后,在所有教学环节结束后再评估教学效果。逆向教学设计强调教师在确定教学目标后,首先要考虑评估方案,书中称为"可接受的证据"。如同设计师首先要考虑什么样的产品能够满足特定客户的需求,然后再集中智慧设计、生产产品。教学设计也一样,教师在确定教学目标后,首先应该思考实现学习目标的证据是什么,即哪些证据能够表明达到了学习目标。

例如,在阅读《杀死一只知更鸟》时,教师应该思考:阅读这本小说要达到什么目标?达到这样的目标对学生的学习会产生什么影响?可以用什么样的证据来证明学生通过阅读达到了预期目标?学生通过阅读有没有超越这本书的理解？我们期望学生做出哪些与目标相关的行为？

二、逆向设计的三个阶段

理解了逆向设计的含义，我们还需要理解逆向设计每个阶段的具体内涵和操作方法。

1. 确定预期结果

这个预期结果即学习目标，可以理解为我们常说的教学目标。但此教学目标不仅包括知识目标和能力目标，还强调了立足于问题解决的迁移应用目标，以及持续理解的意义建构目标，包括三个层次（见表4-1）。

表4-1 设计学习目标的模板

课程标准	学习迁移	
本单元要达到的内容标准和任务目标有哪些？	学生能自主地将所学运用到…… 学生将获得何种持久、自主的学习成果？	
	理解意义	
	深入持久理解 学生将会理解…… 教师特别期待学生理解什么？学生如何将它们联系在一起？	核心问题 学生将不断思考…… 何种发人深省的问题能促进学生的质疑问难、理解意义和学习迁移？
本单元要发展的思维习惯和跨学科目标有哪些？	掌握知能	
	学生应该掌握的知识是…… 学生应当掌握并能再现哪些事实和基本概念？	学生应该形成的技能是…… 学生应当学会哪些具体的技能和程序？

一是"学习迁移"。这是指学生能自主地将所学运用到实际生活中，能有效地在新情境中运用所学解决真实的问题。迁移不仅仅是引入先前所学的知识和技能，还要通过理解一些学科大概念来达到更深入的"理解"。此"理解"非生活中的理解，也区别于布鲁姆教育目标分类学中认知领域的"理解"，这里的"理解"是关于知识迁移的，是"超越信息本身"的。举一个体育运动的例子。我们"理解"了"限制进攻空间"这个观念后，就可以在足球、篮球、冰球、水球、橄榄球和曲棍球运动中进行迁移应用。

二是"理解意义"。这一层次要求帮助学生对知识进行意义建构。以意义建构为桥梁，既促进知识掌握，又为迁移应用奠定基础，以此促进学生深层次的理解，提升学生在新情境中迁移应用知识的能力。而指向学科本质的大概念能够整合更多知识，利于学生进行深入持久的理解。在书中，作者将学科大概念比喻为车辖。车辖是一种配件，能够使车轮固定在车轴上。显然，没有车辖这个配件，车轮是无法固定在车轴上的。这就告诉我们，学科大概念不只是包含的知识范围大，更在于它的工具性、连接性和迁移性。

如何帮助学生对大概念进行意义建构呢？在书中，作者提出可以通过设计核心问题，来促进学生的质疑问难、理解意义和学习迁移。作者强调的核心问题是必要的、根本的、本质的问题。它拥有四重内涵、六条标准，概括起来就是"学科中最为本质的、能够打开每个人思维的、帮助学生对所学知识达到更系统、更深入地理解的，并且能够鼓励、启发学生产生迁移的问题"。这样的问题能够激发学生的学习兴趣，启动学生主动学习的内动力，同时能够引领学生深入持久地理解学科大概念。

三是"掌握知能"。要实现预期结果，关键知识和关键技能是必不可少，也是教师非常熟悉，并且训练最到位、最容易评估的部分。每个单元、每个学科的关键知识在课程标准、教材教参等资源中都有清楚地呈现，不再赘述。

现在，让我们来看一个教学目标："运用国与国之间处理国家关系的基本原则，从经济、文化、历史、政治等不同维度，阐释中国的朋友圈为什么越来越大。"

这一教学目标力图体现学生运用"国与国之间处理国家关系的基本原则"的知识，阐释现实生活中中国朋友圈越来越大的原因，进而达成我国走和平发展道路的政治认同这一素养目标。要达成这个迁移目标，学生就需要理解"国家利益和国家实力是决定国际关系的主要因素"这个学科大概念，就需要以"国体、政体及其相互关系，各种不同政体形式等"相关知识、相关技能为载体。

总的来说，在第一个阶段，教师要十分清楚通过学习学生应该知道什么、理解什么、能够做什么，并清楚什么内容值得理解、什么是期望的持久理解。

2. 确定合适的评估证据

这个阶段逆向设计与传统教学设计有显著差异。传统教学设计在教学目标确定后，会进入教学实施环节的设计。逆向设计则是先寻求能够证明学习成功的证据。也就是说，针对第一个阶段的预期学习结果，相应的评估是什么？有什么证据能表明学生达到了预期的学习结果？有什么评估任务或者证据能够应用在教学中，指导教学？

要解决以上问题，需要先厘清评估证据有哪些。

我们理解的证据，一般就是一个提问、一张小条、一次测验，等等。而学习结果的评估证据不仅包括这些，还要更加序列化、结构化。就像书中所言，证据不是一张快照，也不仅仅限于一种形式，而更像是收集了纪念品和图片的剪贴簿。这样的剪贴簿不是仅在教学结束时只通过考试这一种方式来检测学习效果，而是在整个教学过程中使用各种方法和形式收集大量证据。这种方法在书中被称为"评估连续统"（见图4-2）。

对理解的非正式检查　观察与对话　随堂测验与考试　问答题　表现性任务

图 4-2　评估连续统

这个评估连续统包括对理解的检查，如教师的口头课堂提问、对学生的观察、师生之间的对话等，当然也包括传统的随堂测验、教师设计的一些开放式问答题以及一些真实的表现性任务与项目等。

这些评估方法在规模（从简单到复杂）、时间范围（从短期到长期）、情境（从非真实到真实）、框架（从高度结构化到非结构化）等方面各不相同。因为学生的理解是随着学习的深入探究和反思逐渐形成的，因此对学生理解的评估也应随着时间的推移形成"证据集"，而不是单个"事件"。

在评估证据中，对测验、提问等，一线教师大多能信手拈来；对表现性任务的设计，教师普遍感觉困难，为此，书中给出了一种有效的方法，即 GRASPS[①] 表现性任务设计工具。教师可以借助这个工具，设计出具有评估力的学习任务。

3. 设计学习体验和教学

在确定教学目标，设计出评估证据后，才进入教学设计的第三个阶段，即设计学习体验和教学。这个阶段才是我们通常所说的教学实施过程。进行这部分的教学设计时，教师可以发挥自己的聪明才智，

---

① 这一工具中的每一个字母对应一个任务元素。G 对应"目标"（Goal），R 对应"角色"（Role），A 对应"对象"（Audience），第一个 S 对应"情境"（Situation），P 对应"表现或产品"（Performance/Product），最后的 S 对应"标准"（Standards）。

只要遵循两个"回馈"就可以了。

一是要不断回馈（或者修订）"阶段一：确定预期的学习结果"，反复矫正教学目标，看看教学实施过程是不是在预定的轨道上，有没有偏离航向。

二是要不断回馈"阶段二：确定合适的评估证据"，在教学实施的每个环节、每个步骤中注意收集评估证据，汇集学生过程性学习的轨迹，形成证据链，以评估学习效果。

总之，书中强调，逆向设计不是一个模板，而是一种思维方式，是以终为始的思考问题的视角。阅读这本书并学以致用，不仅可以改变我们的教学思维方式，而且会让教师的教、学生的学变得越来越有效、越来越美好。

》赵继红

学以致用 ❶　在大单元中实现可迁移的持久理解

理解是重要的学习目标，值得深入思考。

一、我们要追求怎样的理解

灌输型教学，教师往往会直接告诉学生哪些知识点是需要理解的。殊不知，理解是需要创设情境，需要建构过程，需要积累素材的。缺乏这些，学生将很难对所学内容与过去的经验建立连接，很难形成认知冲突，也就不容易形成结构化的知识体系，更谈不上应用和迁移。

当代教师已经认识到灌输式教学的局限性并有所改进；然而，对理解的认识依然存在以下三个问题。

①只停留于对知识点的理解而非对结构化的知识体系的理解。

②需要理解的知识点往往只用于解决有标准答案的题目，学生没有形成应对真实情境和解决真实问题的能力。

③教师硬性拔高，急于在短时间内完成教学进度；学生没有经历足够的建构过程，就被简单粗暴地告知结论，其实并未真正理解。

那么，我们要追求怎样的理解呢？

《追求理解的教学设计》中提到了以下例子，这是历史教师改进学习目标的过程（见表4-2）。从学习目标的不同表述中，我们可以看到理解的不同程度。

表 4-2　学习目标的三个版本

	学习目标	书中点评
第一版	希望学生了解南北战争	这是关于主题的陈述，不是需要理解的命题
第二版	想让学生了解南北战争的原因	此目标缩小了内容重点，但没有清晰地表达学生应该从战争原因中学到什么，关于那些原因想要学生理解什么
第三版	希望他们明白，有几个重要的相互关联的原因导致了南北战争，如奴隶制的道德问题、区域经济差异和文化冲突等	这个表述说出了战争原因中需要理解的内容和它们之间的关联，具有可迁移性和超越主题的持久价值

由此可以看出，我们所追求的理解不应该是零散的知识点，而应该连点成面，形成知识网络。这些具有关联性的学习内容是可迁移的，并具有超越特定主题的持久价值。

二、如何实现可迁移的持久理解

要实现可迁移的持久理解，需要从以下几个方面努力。

1. 教学设计的方向——聚焦大概念的单元核心目标

《追求理解的教学设计》提到，大概念是可迁移的学科本质与核心，是通过探究得来的，是各领域专家思考问题和感知问题的方式。大概念就是可迁移的持久理解的对象。在进行单元设计时，设计者心中应该时刻装着大概念。大概念代表了单元设计的大方向，是单元教学要达成的核心目标。

然而，只是教师心中有目标还不够，学生心中也要有学习目标。但学习目标又不能直接告诉学生，需要学生经历一系列学习活动，逐渐生成对大概念的理解。因此，需要借助基本问题来为学生指明学习方向，让学生思考基本问题，引导他们走向学科大概念。好的基本问题是指向和突出大概念的，是可以解答、有启发性的。其核心在于没有标准答案，不能用一个简单的句子回答。目的是激发思考和探究，揭示更多问题，让学生进行深入思考。

例如，在高一英语 Art（艺术）单元，依据本单元内涵，对本单元核心目标、基本问题设定如下。

单元核心目标（体现大概念）：
通过本单元的学习，学生能够初步欣赏中西方艺术并进行相应的表达，加深对艺术内涵的理解。

单元基本问题（引领学生生成大概念）：
①我们如何欣赏艺术？
②艺术是什么？

我们希望通过"艺术是什么"这个基本问题，让学生体验若干种艺术形式，形成对艺术、对美的理解。在这一过程中，抽象出艺术本质的思维过程无疑是超越特定主题的，是可迁移的。

2. 教学设计的路径——逆向设计

正向设计的教学顺序是，教师先选定材料，再采用某种方法传授知识，最后用问题或测试来评估学生对材料内容的掌握、理解程度。从这个角度来看，对学习材料的掌握等同于学习目标。而这些材料是否都有逻辑地指向学科大概念则没有"被设计"。于是，学生能否形成体系化、可迁移的"理解"就成了一件撞大运的事情。

《追求理解的教学设计》提到，在逆向设计中要先确定预期结果，再确定合适的评估证据，然后设计学习体验和教学。其中，确定预期结果，特别重要的一点就是对单元大概念的确定；确定合适的评估证据，也强调学生理解大概念的表现，就是对单元基本问题的回答，或者单元核心任务的完成情况。接下来就是设计学习体验和教学，要确保学生在一步步学习过程中能够产生相应的学习表现。这样的设计路径可以帮助学生形成完整、连贯、深入的理解逻辑。

例如，在上文提到的 Art（艺术）单元，依据逆向设计的原则，我们优先确定了单元大概念（教学目标）、基本问题（学习目标）和单元核心任务（评估证据）。在具体设计时，考虑学情、课时等限制条件，并对材料的重要性进行优先级排序。

例如，在单元第一个模块"中外画作赏析"的第 1 节课谈到颜色、线条等；第 2 节课则延伸到画作背后的思想、评论等；第 3 节课进一步拓展欣赏的角度；第 4 节课将欣赏的主动权交给学生，让学生基于材料欣赏世界名画。这样层层深入进行画作赏析的引导，为"如何欣赏艺术"这一基本问题做铺垫。

3. 教学设计的实现空间——大单元

实现理解不能一蹴而就，不能拔苗助长，也不能越俎代庖。学习需要时间，若以一节课为空间设计对大概念的理解，就是不尊重学习规律，因为大概念反映的是深刻的、可迁移的、结构化的、网络化的知识体系。如果时间短，又急于让学生有深刻的理解，教师往往就把需要学生建构生成的内容直接告知学生。学生没有经历建构的理解过程，就不会有真正的理解和素养的生成。因此，追求理解的教学设计的基本空间就是一个单元。

以 Art 单元为例，我们对这个单元进行梳理，形成三个模块，分别是中外画作赏析、中国艺术欣赏与传播、其他形式的艺术欣赏。共用 7 个课时，层层铺垫，提供足够的时间和空间，帮助学生形成对大概念的持久理解。

简而言之，追求理解的教学设计的基本单位是大单元。大单元不是材料的堆砌，而是有逻辑的逆向设计（见图4-3）。

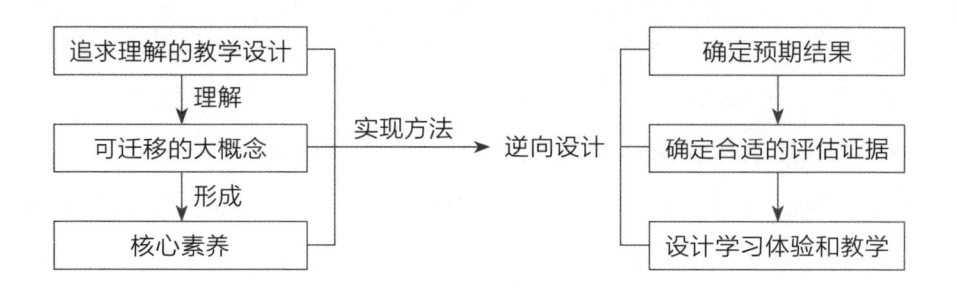

图4-3 追求理解的大单元教学设计是有逻辑的逆向设计

》张玲

> 学以致用❷

通向理解之门的基本问题

《追求理解的教学设计》提出，教学设计要追求理解。此处的"理解"是指能将所学的知识迁移应用到新的环境和挑战中。这与我们当下鼓励学生提升解决问题的能力，落实核心素养的教育追求完全一致。要实现这样的目标，一个有效的方式就是设计基本问题，通过基本问题将单元的内容组织起来，引导学生对核心内容进行持续的探究和理解，进而促进学生对所学内容的迁移和应用。

一、什么样的问题是基本问题

日常教学中，教师常常设计一串问题，由易到难，每个问题都有明确的答案，通过引导学生回答这些问题来推进教学。这些问题是不是基本问题呢？

书中指出，基本问题的"基本"有四种内涵，分别是"在我们一生中会重复出现的问题""某一学科的核心思想和探究""学习核心内容所需的东西""能够最大程度地吸引特定的、各种各样的学习者"。用这样的标准来衡量，教师平时在教学中设计的问题串常常不是基本问题。

也就是说，基本问题不是基础问题，它不仅问法不简单，答案更不是显而易见的。它不是那种一看就知道答案的问题，通常也不是通过查阅资料就可以了解清楚的问题。基本问题揭示事物的核心，反映事物的本质，因此也可以将基本问题理解为"核心问题"。

基本问题的一个重要特点是，能激发学生持久思考，引发学生深入探究，推动学生对这个问题不断深入地理解。以文学阅读为例，下列问题就是基本问题。

- 文学作品的流行与伟大之间有什么关系？
- 是什么使一本书变得伟大？
- 文学如何反映并塑造文化？
- 一个好故事有哪些要素？
- 如何读出言外之意？

显然，以上问题都具有一定的开放性，都不能用一个简短的句子回答。这些问题能激发思考和探究，而不只是给出标准答案。这些问题涉及范围广，并且充满迁移的可能性。围绕这样的问题架构学习，可引导学生探索所学内容中的关键概念、核心内容。这些问题，也可以促进学生主动探究和实践，从而加深理解，实现迁移（见表4-3）。

表 4-3 基本问题与一般知识性问题的对比

基本问题	一般知识性问题
1. 被用来探索、讨论、持续反思与复习	1. 被用来做事实性的复述而不是产生持续的质疑
2. 有很多"看起来都对"的答案，并且这些答案又会持续激发一些新的问题	2. 有具体、直接、毫无疑问的答案
3. 能够鼓舞学生参与持续的质疑和思维拓展	3. 更多由教师或教科书，而非某一好奇的学生提出
4. 反映生活中的实际问题，而不是那些仅在学校会被老师问及的问题	4. 更注重答题而非实际意义

二、是什么使一个问题成为基本问题

我们来看下列问题。

- 为什么要阅读？
- 什么是好书或好故事？
- "好看"的书是不是总是好书？

…………

对这些问题的不懈探索，不仅能使我们的理解更深刻，也会使我们思考更多问题。这些问题不仅是文学领域的重要问题，也是真实生活中的问题。人们在学校内外都可以思考、争论这些问题，它们会为我们打开思维提供可能。从更实际的意义来说，如果某个问题看起来是真实的，且与学生相关，可以帮助学生对所学知识达到更系统、更深入的理解，可以让学生投入其中，我们就可以说这个基本问题找对了。以下是对基本问题一些特征的描述。

①基本问题没有简单的、"绝对正确"的回答。

②基本问题旨在引发并维持学生的探究。

③基本问题常常涉及一门学科的概念或哲学基础。

④基本问题往往会带出其他重要问题。

⑤学生在学习过程中会自然、反复地提出基本问题。

总之，基本问题覆盖的范围可大可小。有的基本问题专题性比较强，这种专题性基本问题，可以帮助学生在单元学习中达成特定的理解。例如，食物是如何转化为能量的？有的基本问题则很综合，涉及的范围较广，这种综合性基本问题常常超越主题和单元。例如，优秀的作家和演讲者是如何吸引观众的？上述两种情况，都能让我们了解事物的核心与本质，这样的问题就是基本问题。

在教学中，可以使用以下技巧设计基本问题。

1. 从学生持续理解的大概念中获得基本问题

《追求理解的教学设计》提出，通过大概念来引导教学，有利于所学内容的迁移和应用。而一个好的基本问题是指向和突出大概念的，因此，从学生持续理解的大概念中可以获得基本问题。

例如，大概念"伟大的文学作品探讨的是人类生存条件的普遍主题，这也有助于我们洞察自己的经历"，从中可以获得这样一个基本问题："不同地方、不同时代的人是如何讲述关于'我'的故事的？"同样，大概念"生物的适应力是为了在恶劣或不断变化的环境中生存"，自然也就暗示了一个相似的基本问题："生物通过哪些方法适应环境，以求得生存？"

2. 用完整的句子来概括、表达基本问题

概括基本问题的一个好方法，是对"学生将理解……"这句话做出回应。

例如，语文写作部分的核心素养有以下表述："学生能为不同的受众和目的，用不同的内容和形式清楚、简洁、有条理地写作。"那么，如何回应这个表述呢？可以尝试设计以下基本问题。

- 我试图通过我的作品来实现什么？
- 我为谁而写作？
- 好的作家如何用不同文体来吸引读者的兴趣？

3. 从理解的六个侧面产生基本问题

在书中，作者从六个侧面对理解进行了解读，分别是解释、阐明、应用、洞察、神入、自知。理解的这六个侧面，均表现了迁移的能力，也是产生基本问题的切入口。例如：

解释：……的关键思想是什么？我们如何验证？

阐明：那又怎么样？为什么很重要？……如何与我们有关？

应用：我们怎样用……来克服……挑战？

4. 综合性基本问题与专题性基本问题相互匹配

在单元整体设计中，聚焦特定概念，设计专题性基本问题是必不可少的，但是仅仅关注特定概念和过程的专题性基本问题，不足以帮助学生产生更广泛的理解，不利于学生建立单元之间的联系，也不一定确保知识迁移的发生。当然，如果仅仅依据综合性设计基本问题，就容易导致漫无目的的讨论，偏离课程目标。因此，在教学设计中，要兼顾基本问题的专题性和综合性，让专题性基本问题与相关的综合性基本问题相互匹配、相互关联，使学生感受到学习过程有节奏感，有阶段性，又有纵深感。例如：

- 专题性基本问题：位值的价值是什么？
- 综合性基本问题：数学语言的优势和劣势是什么？数学表达的局限性是什么？一切事物都是可以量化的吗？
- 专题性基本问题：什么是磁力？什么是电力？什么是重力？
- 综合性基本问题：如果某种力不能被直接看到，那我们怎么知道它是存在的呢？物理上的"力"与人类行为中无形的"力量"有哪些相似之处？

5. 以最少的问题达到最大的效果

有的教师关心每个单元设置多少个基本问题才合理。其实，基本问题的设计重点在于质量而不是数量。设计基本问题要看目的是什么。如果某个基本问题能真正引起学生对大概念和核心内容的相关探究，这一个可能就够了。如果希望学生考虑其他不同的观点，权衡证据，论证自己的想法，设计2—5个基本问题也可以。总之，要努力以最少的问题达到最大的效果。

》 孙淑娇

> 学以致用 ❸

关于"理解六侧面"的探究

在平时教学时,教师经常会对学生说"学习要注重理解,不能仅仅停留在表面"。那么究竟什么是理解呢?掌握到什么程度才算理解呢?理解与知道、了解的区别又是什么呢?

《追求理解的教学设计》指出,"理解"的一个基本指标是能把所学的知识迁移到新的环境和挑战中,而不仅仅是对知识的回忆和再现。这是在纵向维度上将所学内容划分为回忆、再现和理解等不同层级。更加难能可贵的是,作者还在横向维度上对理解进一步加以分析,将其概括为六个侧面。这让我们对理解的认识更加立体和综合,在教学实践中有了更开阔的思路和更清晰的操作路径。

一、什么是"理解六侧面"

本书第四章专门介绍了"理解六侧面",即理解包括解释、阐明、应用、洞察、神入和自知六个侧面(见图4-4)。

图中呈现了理解的六个侧面,并对每一个侧面做出了解释。我们发现,理解不是单一方面的,而是多方面和复杂的;理解可以有不同的类型;理解与其他知识目标可能会有概念上的重叠。

理解六侧面,在教学设计上,可以指导教师根据具体教学内容,有针对性地设计理解性目标;在教学评估上,可以为教师提供多元化的指标,让教师认识到,当学生真正理解时,他们应该能解释,能阐明,能应用,能洞察,能神入,能自知。同时,理解六侧面还可以在很大程度上帮助学生学习,让学生的学习更有针对性,避免学生在学习活动中盲目探究。

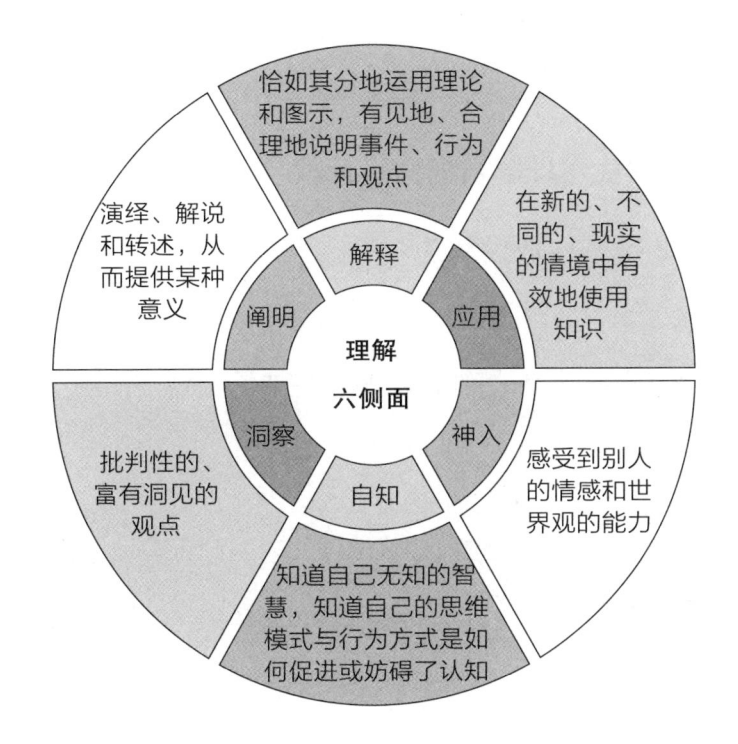

图 4-4　理解六侧面

二、理解六侧面之间是什么关系

理解六侧面，既存在横向的并列关系，也存在纵向的发展关系。学生在不同学习活动中所达成的理解，既可以是纵向加深、在之前基础上的进一步深入，也可以是横向的，更新原有的理解。

理解六侧面之间并不是绝对的垂直或者绝对的平行关系，不同侧面之间还有交叉与重合。在学习过程中，学生并不需要对每一个知识点都要从六个侧面去理解。对一些简单的、概念性的知识，只需要达到解释的层面即可；对与生活紧密联系的、可实践的知识点，则要求实现更深层面的理解。

而学生能理解到何种层面，采用什么样的方法来判断学生理解的程度，在不同的知识点上和不同的学生身上有不一样的体现，需要根据过程性探究去判断。

三、如何使用理解六侧面设计教学活动

理解六侧面中的每一个侧面都可以为探究活动的开展提供借鉴和指导。在教学中，可结合具体内容确定理解的侧面，同时利用不同侧面的标准指导探究活动，并利用不同的理解侧面进行个别化教学。

1. 解释

这一侧面希望学生通过归纳或推理，来系统合理地解释现象、事实或数据，洞察事物间的联系并提供例证。教师可以围绕问题进行教学设计，并要求学生进行说明和解释。教学组织形式既可采取问答式，也可采取活动式。

2. 阐明

阐明和解释既相互关联，又各不相同。阐明这一侧面要求学生能叙述有深度的事件，并能为该事件提供合适的转化，且能从历史角度或个人角度揭示观点或事件的含义。在进行具体教学设计时，可以通过解构、类比、建模等方式达到阐明的目的。

3. 应用

这一侧面要求学生能在各种不同的真实情境中有效地使用和调整学到的知识。当知识能够被运用于实际中时，才能说明已经实现了对它的理解。在具体的教学设计中，教师要强调基于成效的学习，也就是要针对真实问题设计学习任务，当然，同时也可以加入传统的测试。

4. 洞察

这一侧面要求学生对事件、行为、观点等进行多角度、多方位、深刻的分析，具有批判性思维的洞察力，能批判性地看待、聆听观点，从而掌握全局。学生要能透过事物的表象，判断其内在实质。在具体的教学设计中，教师可以为学生提供外显的机会，使他们能见识到关于重要问题的不同理论和多种观点。

5. 神入

这一侧面要求学生拥有能深入体会他人情感和观点的能力，去发现一些独特的价值，能在先前直接经验的基础上进行敏锐的感知。在教学设计中，为了保证学生能够理解抽象的观点，最好让学生具有更为直接或者模拟的体验。评估时还必须注意学生在展现过程中是否克服了以自我为中心、以现状为中心等倾向。

6. 自知

这一侧面要求学生能认识到自己的思维和行为模式的优越性及局限性。在完成学习任务的过程中，学生要能察觉个人风格、偏见、心理投射和思维习惯等促成或阻碍理解的因素，意识到自己不理解的内容，并对学习进行反思。在教学设计中，我们要注重学生的自我评价，并使用相关工具来支持学生进行自我评价。

四、如何使用理解六侧面评估学生的理解程度

如果将理解六侧面作为学生理解程度的评估依据，比较好的方法就是制作一个量规，将理解的六个侧面划分为不同的层级（见表4-4），针对每个侧面、每个层级进行相关行为的描述。这样既关注了理解的不同侧面，也考虑了学生之间的差异。通过理解的不同侧面、不同层级的行为描述，可以帮助不同的学生找到适合自己的理解

侧面与层级，帮助学生评估自己是否达到了相应的理解层级。

表 4-4　理解六侧面及各侧面的层级

	一级	二级	三级	四级	五级
解释	精简、有创见性的解释；有充分支持的证据，合乎情理，超出所提供的信息	系统且完整的解释；能通过论据，获得对自己解释的支持，并展示出新思维	有一些深入的个性化观点；超越给定的条件，有支持的理论，但不够充分恰当	解释不完整，但扩展和巩固了所学知识；对有限的支持证据进行了解释	描述性的解释；对观点的解释分散且粗略，有一些未经检验的直觉想法
阐明	富有启发性的解释；能讲述丰富且有见地的事件，能提供有启发的背景	深思熟虑的解释或对影响的分析；能讲述富有见地的事件，能提供有帮助的背景	合理的解释或对影响的分析；能讲清富有教育性的事件，能提供有意义的背景	貌似合理的解释或对影响的分析；能理解事件，能提供浅显的背景	表面的解释；无分析、无解释的过程；机械地重复所学到或所读到的东西
应用	灵活、高效，能够在不同情境中很好地运用知识和技能，熟练的迁移能力	能够熟练运用知识和技能，能在适当变化的环境下调节自己的理解与适应性	有限的但不断增长的能力，在使用知识和技能时表现出适应性和创新性	依赖有限的技能，能在熟悉或者简单的环境中执行；有限地使用判断，有限地反馈	在教师指导或者照本宣科的情况下执行；单一的"填空式"的技能、程序或方法
洞察	有深刻见解，对各种貌似合理的观点开展有效的评论，对问题能公正地评价	成熟的评价观；通过其他观点来使自己的观点看起来更可信；做出中肯评论和资格评定	能合理批判和全面看待上下文中的要点，能使那些看似合理的解释更加清晰	能了解不同的观点，在某种程度上能得出自己的观点，但在评判每种观点时较薄弱	不能意识到观点的不同之处，易忽略其他观点，很难想象出看待事物的其他方式
神入	能感觉他人所感知的，愿意寻找与众不同的东西，能理解看上去不可思议的东西	愿意去感受别人感知到的东西，开放对待不熟悉的东西，能看到一般人看不到的价值	对别人看到和感觉到的东西有不同的感知，能理解他人	有一定自律精神，能设身处地为他人着想，但仍受限于自己的反应和态度，被不同的态度困惑	考虑问题只从自己的观点和感受出发；因为有不同的态度和观点，从而意识到被忽视而感到迷茫

（续表）

	一级	二级	三级	四级	五级
自知	认识到自己和别人的理解局限，认识到自己的偏见和倾向，愿意根据理解采取行动	具有一定的自察性，能意识到自己和他人的无知，能意识到自己的偏见	能意识到自己理解什么和不能解释什么，知道为什么会在无意识情况下出现偏见	不能意识到自己具体的无知的表现，处理问题草率，容易通过预判歪曲理解	完全没意识到自己理解的局限，在理解的过程中，更多依靠预测和自己的偏见

》王贝贝

学以致用 ❹ **站在评估员的角度看课堂教学**

一名教师，如果自己设计的学习任务激发了学生的学习，让学习真实地发生，就会非常有成就感。那么，如何评估学习任务真正有效呢？如何评估学生通过完成学习任务，达到了我们的预期结果呢？

一、你真的考虑过评估吗

在评估学生的学习方面，教师最熟悉的方式就是考试。针对上述问题，估计许多教师会说，学生的考试成绩可以证明这一切。那么考试之外，我们还可以通过什么方式来进行有效评估？

在进行教学设计时，教师通常会将更多精力放在学习目标和学习任务的设计上，至于学习目标有没有达成、学习任务是否有效、学生能否灵活运用知识解决问题，教师则更倾向于通过学习结束后的考试来检测；至于在教学过程中如何进行评估，很多教师关注得不够。其结果就是，学习目标是否实现没有得到有效评估和测量，甚至有时精心设计的学习任务与学习目标并不匹配，学生的实际所得与教师对学习结果的预期相差很远。

二、评估的重要性不言而喻

如何有效评估学习目标是否达成了呢？《追求理解的教学设计》提供了一种新思路，即以终为始，进行教学设计时，首先设计教学目标，明确学生需要学习什么、理解什么。然后基于目标，设计评估证据，也就是通过什么方式可以证明教学目标实现了。只有设计好评估证据，才能开始具体教学环节的设计。所有的教学活动都应围绕评估证据展开，学习任务完成了，也就说明教学目标实现了。

这种设计理念最大的变化就是，教师在决定教什么、如何教之前必须思考如何开展评估，而不是在一个单元结束时才建构评估。这种评估前置的思路要求我们在进行教学设计时，要通过评估证据将学习目标具体化；要基于评估证据展开教学设计，而不能将评估仅仅看作最后评定学生成绩的一种手段。有的教师会问：如果不考虑评估，会出现什么样的后果呢？我们来看看笔者在实际教学中的一个失败案例。

《道德与法治》八年级下册第一单元"坚持宪法至上"，其中一个学习目标定为"能够在实践中做出积极宣传宪法、践行宪法的合理方案"。针对这个学习目标，我们设计了真实情境下的学习任务——教研组和万寿路学区联合开展"学宪法，讲宪法"主题宣传活动，活动形式分为三种（见表4-5），学生可以自主选择。

表4-5 "学宪法，讲宪法"主题宣传活动

活动形式	具体要求
1.宪法主题演讲	小组集体创作一份演讲稿，选派一位同学在课堂上现场演讲；小组其他成员负责制作背景音乐、背景课件等辅助工作，以增强演讲效果
2.宪法主题宣传海报	小组集体创作一份宪法知识宣传海报，选派一位同学对所创作的海报进行解读
3.模拟宪法宣誓	小组集体进行模拟宪法宣誓，对誓词及宣誓制度的由来进行详细介绍，并谈一谈模拟宣誓的感受

我们希望这样的学习任务，能够满足不同学生的兴趣需求，同时能让学生用自己擅长的方式宣传与践行宪法。学生的演讲稿、海报作品、拍摄的视频都可以作为学习成果，在学区微信公众号上展示，以达到宣传宪法、践行宪法的目标。

但是我们在设计时忽略了一个很重要的问题，就是有什么证据能够证明这个学习任务是有效的，学生演讲稿、海报作品、拍摄视频中的哪些内容，可以证明学生能深入社区宣传宪法、践行宪法？我们在设计任务时只考虑到了学习任务的真实性、实施的可能性，对学生完成任务质量的评估则缺失了。有的教师会说，学生的演讲稿、海报作品、拍摄的视频不都是学习的结果吗？给这些作品打一个等级，赋一定的分值，不就是评估吗？然而，这种评估的标准是什么？等级如何确定呢？最高等级就代表合格吗？对这些问题，我们没有系统设计。最后导致学生将关注点集中于作品能否被选上、能否在学区微信公众号上展示，而没有关注作品的哪些内容能说明这样做的合理性、作品的哪些方面能说明实现了学习目标。

显然，站在评估员的角度看，这个学习任务的设计还不能为学习目标的实现提供确凿的证据。

三、评估的类型有哪些

如何让设计的任务能评估出学生是否真正理解了呢？书中提出，教师要始终站在评估员的角度思考问题，要为学生实现理解目标提供不同类型的证据。为此书中详细介绍了评估的类型，给我们带来了崭新的理念。

书中提出，有效的评估不是一张快照，也不仅仅限于一种形式，它更像是收集了纪念品和图片的剪贴簿。有效的评估者，不是只用考试这一种方式来检测学习效果，而是在整个教学过程中使用各种方法和形式收集评估证据。该书提供了搜集关于学生理解证据的各种评估方法，包括对理解的检查（如教师的口头课堂提问、对学生的观察、师生之间的对话），也包括传统的随堂测验，以及一些开放式问答题和真实的表现性任务与项目。

我们的日常教学，通常情况下，还是习惯采用比较单一的随堂测验的评估方式。这种方式可以用来检测学生基本知识、基本技能的掌握情况，但不一定能很好地评估学生是否真正理解了。学生对所学内容的理解，是随着学习的深入和反思不断形成的，因此，对学生是否理解的评估，随着时间的推移，也应该有一系列方式，而不能仅仅局限于某一种。特别是在评估学生是否能迁移应用所学内容，解释、解决实际问题方面，教师更应该立足真实情境，尝试设计表现性任务。

四、使用 GRASPS 架构表现性任务进行评估

在书中，作者推荐使用 GRASPS 架构表现性任务，这为我们设计表现性任务提供了一个工具。

使用 GRASPS 架构表现性任务进行评估，一方面，可以帮助学生对所学的知识和技能进行整合，以此来检验自己是否理解了；另一方面，也可以帮助教师快速厘清学生是否达到了预期目标。

例如，"揭开情绪的面纱"这一课，我们将学习目标定为"能够描述情绪的基本类型、特点及其产生的原因；能够结合实例，分析情绪的积极作用和消极作用；能够结合具体情境，掌握几种调控情绪的方法"。我们设计的核心任务是"给自己的家人上一节'情绪'专题课，并在课前完成一份教学设计"。在学生给家人上课前，我们使用 GRASPS 任务设计提示单，让学生对自己的学习任务进行评估。以下是一份学生的作品。

目标

你的任务是　给自己的父母上一节"情绪"专题课，对父母进行情绪知识和情绪调控方法的传授。

困难和挑战是　必须清楚情绪的相关知识，能够使用有趣的素材和案例进行教学，有较好的语言表达能力等。

需要克服的障碍是　怎样才能让父母听完课后有收获。

角色

你是 __一名道德与法治老师。__

你被要求去 __给父母上一节"情绪"专题课。__

你的工作是 __设计一节完整的课（包括教学设计方案、课件制作等）。__

对象

你的客户是 __父母。__

要服务的对象是 __成年人。__

你需要说服 __他们认真听我的课，并且给予反馈。__

情境

你发现你所处的情境是 __从未有过上课的体验。__

挑战包括 __如何将学到的知识讲给别人听，且让对方听懂。__

产品、表现和目的

你将创建一个 __精美的课件、一个环节清晰的教学设计方案。__

为了完成这两个产品，你需要开发 __视频编辑、素材搜寻等工具。__

以使 __我高效地完成任务。__

成功标准与指标

你的表现需要 __父母听完课后对我有一个星级评价和文字反馈。__

你的工作通过 __父母的评价、老师的评价。__

你的产品必须符合以下要求 __授课内容、授课形式、授课反馈。__

这样一份 GRASPS 任务设计提示单，可以让学生清晰地知道如何有效地完成学习任务，明确完成任务前需要做好哪些准备工作、任务完成的成功标准是什么，这就为学生实现理解学习目标提供了保证。

》杨静

> 学以致用 ❺

从"教员"到"评估员"

在《追求理解的教学设计》中,作者提供了基于理解的教学设计模板。这个模板分为三个阶段:第一个阶段,确定教学目标(学习目标)。第二个阶段,不是设计教学过程,而是考虑评估的问题。在评估方式、评估证据确定后,才进入第三个阶段,设计教学过程。在这个模板中,评估放在设计教学过程之前,而不是之后。这种评估前置的设计思路给我的教学带来了新启示。

一、评估为什么要前置

在传统教学设计中,我们在确立学习目标后往往就开始组织学习资源,设计学习活动。尤其是语文学科,我们经常先考虑这一单元需要涵盖哪些文本,然后再根据文本设计具体的评估内容。在这一过程中,评估与目标的次序和关联经常被忽视,这导致我们最终设计出的评估可能只是针对课文的评估,而非针对目标的评估。

作者指出,如果我们在目标确定后直接进入教学、活动和作业的设计,目标能否实现就要靠"运气"了。只有从目标出发,先明确达成目标的评估证据,再设计具体任务,才能确保目标落地。

评估位于确立目标之后、教学设计之前,这种次序上的改变,引导教师从"教员"走向"评估员",更加注重学习目标能否实现的实证性,使追求理解的教学设计得以落地。现在,我们在单元教学设计中,确定单元目标后往往就开始考虑核心任务。通过学生在完成任务过程中的表现收集证据,从而判断单元目标是否达成了。也就是说,先明确学生应达成的目标,然后考虑何种证据来证明,最后再为获得这种证据创设情境,设计教学。这才是完整的评估员设计思路。

二、前置的评估要紧扣学习目标

所谓评估,是对学习目标是否达成的评估,因此评估设计不可随意,必须紧扣目标。《追求理解的教学设计》倡导的目标是多层面的,包含知识与技能、大概念的理解、迁移等多个维度。这样的学习目标对评估提出了新的挑战,引导我们重新思考评估的形式与目标之间的关系,尤其是理解和迁移目标的落实。

衡量一个评估是否合理,主要就是看它是否精准匹配了迁移应用目标和对大概念的理解。作者用剪贴簿来比喻有效的评估,意在说明评估并非简单的考试,而是多种方法的综合体,是随着教学的展开而逐渐形成的"证据集"。这打破了传统教学中对评估的狭隘理解,引导我们聚焦学习目标的不同维度,使评估从过去比较单一、单向走向更加多样和综合。

作者在书中列出了四种评估类型:①表现性任务;②问答题;③随堂测验和考试;④对理解的非正式检查。其中表现性任务是最有效的指向理解的评估类型,能够让学生将知识和能力迁移应用,从而意味着持久理解。我们的单元教学中的核心任务通常就是一个表现性任务。随堂测验和考试则主要匹配知识与技能层面的目标。而若干非正式检查也不容忽视,它们是过程性评估的重要构成部分。

三、表现性任务是重要的评估方式

所谓表现性任务,就是评估学生能否在真实情境中表现出与目标一致的能力的任务形式。真实情境中的问题往往更加综合与多元,需要学生在理解的基础上迁移应用所学内容。因此,根据学生在真实情境中的表现往往能判断学生是否真正理解了所学内容,是否能应用所学内容解释、解决相关问题。在书中,作者也指出:"当学生们将核心概念、知识和技能应用于各种情境下的挑战性任务时,就显示了他们的理解。因此，对理解的评估必须建立在基于表现的真实任务上。"

从这个角度看，表现性任务是评估高阶目标的一种很好的方式，特别是在落实核心素养的今天，学习目标已经从知识和技能层面深入到对学科大概念的持久理解，提升到知识的迁移、应用，提升到学生综合素养的达成。这些素养导向的学习目标是否实现了，表现性任务是一种重要的评估方式。

在大单元教学设计中，我们的一个重要任务就是设计核心任务，也就是能反映出学生在真实情境中表现的表现性任务。这是评估高阶目标达成情况的重要手段。当然，这样的任务不好设计，它包含真实情境、任务内容、工具与脚手架、评估量规等多个环节，真实情境的设计更是我们平时研究的重点。

下面以一个戏剧单元为例，介绍真实情境的设计思路。

这个戏剧单元的学习目标之一，是能借助潜台词和戏剧冲突，深入分析人物复杂的内心世界，进而理解作品主题。单元的核心任务是，学生自行组建剧组，选择戏剧片段进行排练，将其拍成15—20分钟的话剧短片，在班内播放，并召开一场剧组发布会，主创人员针对创作和排演情况进行发布，并与观众交流。

进入戏剧单元，我们往往会让学生排演课本剧，以感受戏剧的舞台性。然而，当我们像评估员一样思考时，就会意识到"演"不是终点。"演"出来，就能证明学生真的理解了吗？在"演"的过程中我们还应该收集哪些评估证据，才能证明学生达成了深度理解？

在这一单元中，我们设置真实情境，通过核心任务的分解对表演前、表演中、表演后的环节进行细化，通过过程性评估实现"证据集"的建立。设置的真实情境不仅包括表演过程，还包括：表演前，通过选角会确定导演和演员（角色），通过剧本围读会写出舞台提示和分镜头脚本；表演后，面向全班召开剧组发布会，一组学生对设计和表演情况进行发布，其他组作为观众发表意见并交流。其中涉及的各环节，教师都会提供相应的工具和量规辅助学生进行自我评估。在最后的剧组发布会上，还会通过观众提出的意见和建议，对表演情况再次进行评估。

例如，试镜申请表（见表4-6）这个工具，就是帮助学生从不同层面理解剧中人物的。学生填写后，在剧组选角会上提交并参与交流。交流过程中，自然会涉及对剧中人物心理、潜台词、表演方法的讨论。讨论的直接目的是选出合适的演员。合适的演员意味着对人物心理把握准确，对潜台词分析到位。因此，交流和选角的过程，也是学生对文本理解进行自我评估的过程。

表4-6 试镜申请表

姓名		想演的角色	
我对该人物形象的理解	剧本中哪个情节最能体现该人物的形象，请简要分析。		
	剧本中哪些台词最能表现该人物的心理，是如何表现的，请举几例简要分析。		
	你准备怎么表演这几句台词（这个语气/动作/表情）？		
	你为什么想演这个人物？		

在召开剧组发布会环节，我们不希望那些作为观众的学生仅仅静静地坐着听发布的学生发言。这样学生的参与度低，反馈也非常弱。学生如何反馈自己的看法呢？如何与发布的剧组当面交流？教师设计

了发布会反馈卡（见表4-7）。这个工具，能促进学生思考、反思和交流，使这一环节既是学习过程，也是评估过程；既有对自我学习的评估，也有对剧组的评估。

表4-7 发布会反馈卡

这次剧组发布会，让你对这部戏剧有了什么新的认识？（可从主题、戏剧冲突、人物形象和潜台词等方面来谈）
你对某个剧组的建设性意见。（可从剧本内容或演员表演等角度来谈）

整个单元实施下来，我们反思，传统的课本剧活动中，真实情境往往只在表演过程中发生，表演前和表演后仍然沿袭常规的课文学习和书面作业，相当于还是停留在教师设计好的结构良好的问题中。这样的活动设计，对学生的思维挑战不够，对学生的深入持久理解评估不足，更不能评估学生是否能迁移、应用所学内容。而在本单元的教学中，我们将真实情境贯穿于整个大单元设计：一开始就设定了"剧组"的情境，每位同学拥有各自的角色，剧组从创建、运作、产出成果到最后接受反馈，都是在真实情境的统摄下进行的，"文本—导演—演员—观众"形成紧密的关系链条，而非各自独立。这样能够更加充分地利用不良结构问题，收集更多深度理解的评估证据，从而确保单元高阶目标的实现。

》王妍思

> 学以致用 ❻

WHERETO 教学设计工具的解读与实践

《追求理解的教学设计》强调的"理解",不是一般的理解,不仅要知其然,而且要知其所以然,还要能够运用所学内容解决问题,并能够迁移、应用所学知识。这样的要求对教学设计提出了新挑战。也就是说,在教学实践中,我们不能想当然地设计教学活动,甚至不能一味追求创新。首先要明确学习目标是什么,究竟要让学生学习什么、理解什么、理解到什么程度,然后思考如何证明学生实现了这样的理解,进而再设计教学过程。

一、基于理解的教学设计的特点

书中对最佳教学设计进行了详细阐述:要基于真实和明确的挑战,要有清晰的表现目标,动手操作活动要贯穿始终,等等。和传统教学设计相比,最佳设计更加关注有趣和重要的想法、疑问、问题、难题;有明显的真实情境应用,有强大的反馈系统,为学生提供在反复试验中学习的机会;也为学生通过个性化方法完成学习目标提供足够的空间;还预留足够时间供学生互动和反思;等等。

二、基于理解的教学设计工具

这样高标准的教学设计既让我们感到振奋,也给我们提出了挑战:在设计教学时如何操作?如何兼顾这么多方面?书中提出了"教学计划中的 WHERETO 要素"教学工具。它可以指导、帮助教师具体实践基于理解的教学设计。下面结合教学实践谈一谈对这个工具的理解。

1. W——学习方向（Where）和原因（Why）

W 要求我们明确目标。在做单元教学设计前，需要思考学生已经学过哪些知识、在此基础上要达到什么目标、哪些是值得学习的内容、对学生的学习有什么预期等。

要实现这个目标，导入就成为至关重要的环节。导入不仅要告诉学生从哪里来，还要告诉学生到哪里去。精心设计的导入还要能引起学生的兴趣，激活学生的思维，让学生的学习更加轻松。

因此，在设计导入的时候，我们需要做到以下三点。

①一定要明确从哪里来，一定要基于学生已有的理解。比如，不同学生的水平如何，他们对什么方式更感兴趣，他们倾向于什么学习风格，这样的评估对导入非常有帮助。

②充分利用之前学过的相关知识来设计导入。这样可以让学生在学习前就做好理解新目标的准备，同时也是对此前学习目标的理解和再升华。

③将新旧理解的内容放在一起进行对比，学生可以更好地理解它们之间的连接点，使理解变得系统化、立体化。

例如，高中生物"生态系统的物质循环"这部分内容，学生已经学习了生态系统的能量单向流动且逐级递减，可以由太阳能不断提供。而生态系统中的物质，如氧气、水本身就来自地球，并没有太阳这样的"外援"，为什么亿万年来，这些物质没有被消耗完，还能维持生态系统正常的运转呢？这样的设计，形成了一个自然的过渡，让学生的理解有一个缓冲的空间，更容易激发学生探究的兴趣。

2. H——吸引（Hook）和保持（Hold）

如何让所有学生都参与到大概念的学习中，参与到表现性任务的挑战中？怎样设计才能让大概念变得有趣、具体、清晰，才能让学生充满兴趣，保持好奇心？要达到这个"吸引"目标，教学设计就不能枯燥，而要接地气，紧密结合真实情境。

例如，在学习"植物激素"的内容时，我先提出了这样一个问题："为什么古诗中说'一枝红杏出墙来'？教室窗户边也种植了一些植物，这些植物都是朝着窗外的方向生长的。"学生听到这样的信息，顿时提起兴趣，开始观察教室里植物的生长方向。而接下来的问题——"你们知道植物朝着窗外生长的奥秘是什么吗"，也就引起了学生的好奇心。

3. E——探索（Explore）和体验（Experience），准备（Equip）和使能（Enable）

作者在书中提出：如何让学生参与到对大概念和基本问题的探索中？哪些学习活动、指导性讲解和训练能使学生完成最终的表现性任务？让学生发展和加深对重要概念的理解，需要哪些家庭作业和课外体验？这些问题告诉我们，学习计划的核心就是让学生体验到真正的大概念，具备相应的能力，以完成最终的表现性任务。

所以，在设计表现性任务时，一定要从实际出发，用学生的生活实例导入，这样学生才会有更好的体验，才能更好地理解。例如，讲到"细胞呼吸"时，课本中提供了很多农业生产的实例，由于学生身处大都市，并不熟悉农作物的耕作过程，所以我们提供了这样一个问题："当我们受伤需要包扎的时候，为什么要选择那些透气性好的纱布？"这样的问题学生非常熟悉，但却很少深究背后的原因。这样的教学设计离学生的生活更近，更能激发学生深入探究，帮助学生形成"细胞的生存需要能量和营养物质"这个学科大概念。

4. R——反思（Reflect）、重新考虑（Rethink）与修改（Revise）

书中还提出，要引导学生理解重要概念，就需要抛弃传统线性教学的观念。因为记忆是神经系统不断接受刺激、积累经验的过程，重复的理解是必需的，所以我们的设计也需要不断回顾大概念，不断改进复杂的表现性任务。要用迭代的方式，促使学生不断重新思考，改进已有的想法。

例如，学生在学习蛋白质结构时，对"结构与功能观"这个大概念就有了初步接触。而后续在学习细胞结构时，学生通过细胞膜、细胞核的学习，会进一步加深对这个大概念的理解。到学习遗传时，会再次升华对"结构与功能观"的理解。

5. E——评估（Evaluate）工作及进展

评估是必要的，传统的评估方式过于偏重教师的作用，这不利于学生深度理解。如何引导学生进行自我评估，从而进行自我调整，便成为教学设计的重点之一。学生的自知可以帮助他们理解已经学习的内容，以及未来需要改进的部分。教学设计不能忽略的一个方面，就是要促使学生有明确的策略，从而促进他们对学习内容的理解。

在教学实践中，我们可以设计问题卡片提交环节。在每个学习任务开始前，学生先提交自己最困惑的问题；在每个任务进行的中途和最后，都要留出时间，让学生研讨并思考自己对任务完成度的评估。这应贯穿所有教学设计。比如，在学习"神经调节"单元时，我们事先收集了学生感兴趣的各种"瘾"以及相关问题，然后汇总，形成不同的研究小组，教师定时监控并评估研究进度和研究成果，学生解决一个个困惑就是很好的评估依据。

6. T——量身定制（Tailor）

学生的发展需求是多样的，每个学生的已有知识和学习兴趣都不同。基于这一客观事实，我们的教学设计就必须为学生量身定制，这样才能最大限度地提升所有学生学习的参与度和有效性。

在实际教学中，教师不仅要明确学习者的需求，还应该细致观察不同学习者的特点，相应地调整教学设计。可以对内容进行分类，列出各项要求，制定出适合不同学生的个性化目标。有的目标是通用的，有的目标是自选的，好比一个厨师提供了丰富的自助菜式，让品尝者都能找到适合自己的美味。对学习任务，我们也应该让学生有做出选择的机会。可以通过丰富的量规设计帮助学生确定自己的任务。例如，在学习"细胞呼吸"单元时，学生需要探究幼苗生长环境的实验，教师为此设计了相关量规——可以选择光照、温度、渗透压等任一种变量作为自己探究的方向，为学生个性化的理解提供了广阔的空间。

7. O——为最佳效果而组织（Organize）

该要素作为这个工具的最后一条，也是极重要的一条，可以确保我们对教与学的总体把握，能够最大化地实现学生的参与度，以及课堂的有效度。之前的各项设计要素，需要经过精心组织才能发挥最大功效，才能给学生带来最积极有效的体验。

总之，按照 WHERETO 要素进行教学设计，可以帮助学生更好地理解。在实际教学过程中，如果能将以上设计要素有效整合，就能更好地促使学生深入地理解。

当然，使用这个工具时，需要注意一些基本原则。

①目标的设定一定要符合学生的认知水平。这个工具针对的是学生而不是教师，它是为学生的理解服务的。

②工具可以是娱乐化、具有吸引力的，但其本质是为了学生的理解。因此，不能为了形式而忽略工具的内涵。

③工具应该是整合的而不是孤立的，每个要素的构建可以丰富多样，但不能忽略单元视角。

》程卓

学以致用 ❼

"逆向设计"框架下的学习活动设计

在《追求理解的教学设计》一开始，作者就提到了传统教学中常见的两大误区：一个是聚焦活动的教学，一个是聚焦灌输的教学。与聚焦灌输的教学相比，聚焦活动的教学往往更容易迷惑人，种类繁多的学习活动往往让教师感受到课堂呈现出"虚假的繁荣"，但对学生的深入理解却并无帮助。

一、学习活动要紧扣教学目标

回到"追求理解的逆向设计"框架中来，所有学习活动的设计，其最终目的都是帮助学生达到预期的结果，也就是教学目标。书中强调，教学目标要实现对核心概念的理解，要实现对相关内容的迁移和应用。在教学实践中，在设计教学活动时，我们要始终做到紧紧围绕核心概念，帮助学习者达成预期的教学目标。

例如，为了实现"能够全面、理性地看待北京城市化发展，准确理解北京城市功能定位"这一学习目标，教师设计了以下任务。

学习任务1：为建设国际一流的和谐宜居之都，破解北京"大城市病"开处方。

处方内容：

①病情（大城市病现状）。②病因分析（归因分析）。③处方（破解措施）。

学习资源：《北京城市总体规划（2016年—2035年）》、京津冀区域空间格局示意图。

学习任务2：观看课件"北京7次城市规划"，小组围绕以下探究问题展开讨论。

①7次规划制定过程中考量的最关键要素是什么？为什么？

②北京为什么不做经济中心？

③北京城市规划是如何打造"四个中心"的？

④北京城市定位中没有经济中心，为什么还举办国际服务贸易交易会？

⑤北京一直强调疏解，到底疏解了什么？这样做的合理性有哪些？

学习任务1紧紧围绕"解释城市化的定义，讨论'大城市病'的类别和解决措施"这样的预期学习目标，而学习任务2紧紧围绕"了解并说明北京的城市规划历程，针对北京城市规划提出建议"的学习目标，这些设计都是为了让学生在任务中实现"能够全面、理性地看待北京城市化发展，准确理解北京城市功能定位"的教学目标。这些学习活动可能不像辩论赛之类的活动看上去那样热闹，但更加紧扣预期学习目标。

二、学习活动要表现出评估证据

学习活动是为了帮助学生达成预期目标。教师作为旁观者，要将学生在活动中的表现作为证据，评估他们是否达成了目标。因此，学习任务是为了让学生在活动中表现出评估证据而设计的。这是与传统活动的一个重要区别。

在进行学习活动设计前，我们就要思考：如果设计了这样的活动，那么学生在活动中会有怎样的表现？怎样才能确信他们理解了他们需要理解的内容？

例如，在高中化学"微粒及其相互作用"单元，为了帮助学生理解"结构决定性质，性质衍生功能"这一核心概念，教师设计了以下活动。

自主构建一套物质结构模型，并应用模型。从以下题目中选择一个，完成一篇小论文。

- "钻石"骗局（从物质结构的角度出发，设计或寻找一种钻石的替代品）
- 如果没有了氢键（如DNA、蛋白质中的氢键与生命的密切关系）
- 处处都有"相似相溶"（如蔗糖、氨和碘分别在水和四氯化碳中的溶解性）
- 破解头发的结构之谜（头发中的化学键，洗发、烫发对头发结构的影响）

有的学生在论文中写道："通过查阅资料，我知道钻石中的碳原子等间距排列，每个碳原子中的所有价电子都参与了共价键的形成，金刚石C—C键长为0.154nm，因此金刚石的化学性质十分稳定。"这就是学生理解了"结构决定性质，性质衍生功能"这一核心概念的有效评估证据。

三、学习活动要有效组织

一个大单元的学习常常涉及多个学习活动，这些活动是否有效组织将直接影响学生对核心概念的深入理解。我们认为，仅仅以知识内容为线索，或者直接照搬教材顺序的单元，都不是追求理解的最佳选择。例如，"有机化学与人类健康"单元，内容线索如表4-8所示。

表 4-8 "有机化学与人类健康"单元内容线索

节次	内容
第 1 节	糖类的结构与性质
第 2 节	油脂的结构与性质
第 3 节	氨基酸与蛋白质的结构与性质
第 4 节	合成药物
第 5 节	生活中常见的食品添加剂

如果我们针对每节课设计若干个学习活动，这些活动对糖类、油脂、蛋白质等不同种类化合物的学习依然是孤立的、零散的，学生从学习活动中获得的基础知识也是不连贯的，不容易形成完整的知识体系，对本单元核心概念"有机化合物的性质主要是由有机化合物的官能团决定的"的理解也无法深入。

因此，我们整合了教材的各个章节，从学生的体验和理解出发，结合真实情境设计，对学习活动进行了有效组织，引导学生在解决实际问题的过程中实现对核心概念的理解。（见表 4-9）

表 4-9 整合后的单元

学习活动	活动内容
学习活动 1：初识营养物质	分析一日三餐，发现营养成分；确定分类标准，进行归纳学习
学习活动 2：营养物质的功与过	进行"吃的真相"主题阅读，提取有效信息；结合化学结构，深入分析性质
学习活动 3：食谱解读	解读食谱，分析结构，解释功能，进行评价；设计方案，进行实验，检验常见营养物质
学习活动 4：谣言粉碎机	辨别"养生伪科学"，从有机化学角度分析；撰写"辟谣"推送，进行科普宣传
学习活动 5：编纂饮食科普读本	整理活动 1 到活动 4 的学习成果，进行修订、反思和总结

为了达成"有效组织",我们需要引导学生在"学习—应用—反思"的闭环中不断反复。学生在不断应用知识的过程中,时不时地会用到之前学习的事实、技术和观点,就像不断将零散的珠子用一根线串在一起。

有效组织的学习活动,既包含对基础知识和技能的掌握,也包括对这些知识的应用。学生在迁移应用的过程中,一方面,能够进一步感受到知识的意义;另一方面,能够对知识进行反思和修订。"有效组织"既要求不同的学习活动聚焦同一个教学目标,也要求它们涵盖上述学习闭环,且符合学习闭环的进阶顺序。

》彭了

学以致用 8 立足核心素养　设计学习目标

在"版画艺术"课程中，针对"水印笺谱"单元，以往是在知识与技能层面设置单元目标。比如，了解水印笺谱的概念、分类、特点，以及饾版、拱花的传统技艺和实践要点。还设置了很多教学环节，通过知识点的层层递进式讲授，让学生了解"笺""笺谱"的概念；通过快速抢答环节，让学生了解笺谱的分类；通过反例对比活动，让学生了解笺谱的特点；通过微课视频的播放，让学生了解饾版、拱花的传统技艺……

依据韦伯知识深度指南来审视该单元的学习目标，我发现这些活动都停留在较低的"回忆与再现"和"技能与概念"层级。也就是说，课堂中这些讲授、抢答等教学环节仅仅停留在较浅的层级，并以简略孤立的事实、活动和技能来传递。这样学生将无法完成深度理解，甚至连获得持久记忆都很难，无法达到"问题解决与应用"和"思维迁移与创造"这样的高层级，最终很难达成学科素养。

一、学习目标从知识获取提升到知识应用

在《追求理解的教学设计》第十章作者写道："即使是最好的教材，也许只能帮助我们实现一部分的预期结果，而许多目标的实现需要教师积极主动地、有创造性地确定适当的基本问题、评估以及体验活动来组织单元内容。"这对我启发很大：学习目标的设计不能仅仅围绕教材，完成知识的获取。一个好的目标设计可以使学生积极主动地投入学习中，并通过知识的应用潜移默化地达成学科素养。

结合《追求理解的教学设计》中的教学理论和韦伯知识深度指南，我转变了之前的学习目标设计方法，将其分为三个维度。

维度1：（知识点）了解笺谱的概念、分类、特点，以及饾版、拱花的传统技艺和实践要点。

维度2：（理解）理解水印笺谱是中国传统文化的重要表现形式。

维度3：（应用）创作"十一笺谱"，对优秀传统文化进行传承与创新。

二、适切的学习任务是教学设计的关键

然而，这样的学习目标如何落地呢？反思之前的课堂，所设计的活动没有给予学生自主讨论、探索、反馈的机会。

《追求理解的教学设计》提出，要设计真实的任务，任务就得源于学生在生活中产生的真问题和真需求。快速获得知识，然后应用它。如果你能应用它，那么你将会记住它。可见任务只有与学生的生活建立连接，才能体现出真实感，才能让学生产生价值认同感和成就感，才能激发学生的学习兴趣，实现学习目标，促进学生图像识读、创意实践、文化理解等核心素养的达成。

三、在真实任务的学习中达成素养目标

基于此，我针对"水印笺谱"单元开发了"创作一套'十一笺谱'，并在感恩日、道歉日、校友返校日等重要活动中进行应用"的单元学习核心任务，让学生创作的笺谱真的用得上。

1. 拆解核心任务，为学生学习搭建脚手架

为了让学生更容易完成核心任务，我将其拆解为三个层层递进的子任务（见表4-10）。学生通过完成相对容易的子任务，拾级而上，逐步完成核心任务，实现本单元的学习目标。

表 4-10　核心任务与子任务设计

核心任务	子任务	设计目的
创作一套"十一笺谱",并在感恩日、道歉日、校友返校日等重要活动中进行应用	1. 自主学习不同历史时期的笺谱作品学案	感受优秀传统文化的艺术魅力,形成对本民族文化的认同感,培养文化自信,做优秀传统文化的继承者、发扬者、传播者和创造者,逐步达成文化理解的学科素养
	2. "十竹斋笺谱"的实践体验	不断学习和借鉴"十竹斋笺谱"的创意和方法,掌握饾版和拱花的技艺,逐步达成创意实践的核心素养
	3. 用笺谱作品写一封信送给自己最爱的人	应用及优化,体会情感表达的不同方式,从而提高图案设计和情感传达的一致性

2. 提供评价标准,让学习过程始终瞄准靶心

为了让学生更加明确任务目标,我在单元学习初期就向学生展示了该单元的终结性评价表(见表 4-11),帮助学生瞄准靶心,直击目标,提升学习效率。

表 4-11　"水印笺谱"单元的终结性评价表

评价项目	评价分类	分数	得分
审美判断（5分）	感受并认识到笺谱艺术的独特性与丰富性,形成健康的审美趣味,并交流自己的审美感受	5	
	基本了解笺谱艺术的分类和画面特点	3	
	不能了解笺谱艺术的独特美感	0	
创意实践（5分）	在掌握饾版和拱花的传统技艺的基础上,能够运用创造性思维,融入自己的生活、个性和经历进行创造性实践表达	5—4	
	基本能够掌握饾版和拱花的传统技艺进行创作实践	3—2	
	不能掌握饾版和拱花的制版原理与实践方法	0	

（续表）

评价项目	评价分类	分数	得分
文化理解（5分）	能够感受到笺谱艺术强大的艺术魅力和文化内涵，形成文化传承的意识，提升社会责任感，坚定文化自信	5—4	
	能够鉴赏笺谱艺术的审美价值，并从文化角度分析和理解笺谱作品，基本形成文化传承的意识	3—2	
	对笺谱艺术理解较浅，还不能够体会到笺谱艺术强大的艺术魅力和文化内涵，没有形成文化传承的意识	0	
总分			

3. 过程性评价，帮助学生不断调整学习行为

为了约束学生学习过程中的行为，提供正确的导向和激励作用，我提供了过程性评价量规（见表4-12），帮助学生及时调整并不断优化和改进自己的学习行为。

表4-12 "水印笺谱"单元的过程性评价量规

	大师级	入门级	学徒级
学案学习	能够跟同学们分享笺谱的概念、分类与画面特点，并表达自己个性化的审美感受，形成文化传承意识	在教师的引导下能够跟同学们交流笺谱的概念、分类与画面特点，基本上形成文化传承意识	不能交流笺谱的概念、分类与画面特点，没有形成自己的审美感受和文化传承意识
实践体验	画面完整，分版明确，套色清晰，具有艺术性和创意；凹凸清晰，对版准确，印制润泽，制作精美，能结合自己的喜好进行创意表现	画面较为完整，有一定的分版和套色意识，了解饾版的基本实践步骤，对版基本准确，有一定的凹凸和印痕，能够对画面不断进行调整、改进和优化	没有掌握分版原理和套色方法，不清楚饾版的基本实践步骤，制作粗糙，出现错版重影现象，并且不能加以调整、改进和优化

（续表）

	大师级	入门级	学徒级
应用优化	能够用笺谱为自己最爱的人写一封信，体会情感表达的不同方式，从而提高图案设计和情感传达的一致性	能够用笺谱为自己最爱的人写一封信，形成图案设计和情感传达的一致性	能够用笺谱为自己最爱的人写一封信，但图案设计和情感传达缺乏一致性

经过前后教学实践的对比发现，子任务的设计能够帮助学生拾级而上，逐步完成核心任务，进而实现本单元的学习目标，同时也促进学生学科核心素养的达成。这完全得益于《追求理解的教学设计》中的观点：仔细设计的体验、巧妙有效的助学、恰当的问题，使观念、知识与技能显得更加真实和有价值。在有启发性体验之后教比没有任何体验就教效果明显要好很多。

》崔德政

第五辑

用量规助力学生学习

| 全书导读 | **手中有量规，评估方向明**

《如何编制和使用量规：面向形成性评估与评分》

苏珊·布鲁克哈特　著
杭秀　陈晓曦　译
盛群力　校

宁波出版社

当教师迫切感受到有必要让学生明白学习成果的评估标准，并能自主、科学、及时地评估自己的学习成果，以实现评估的多元和学生的自主成长时，就需要阅读苏珊·布鲁克哈特的著作《如何编制和使用量规：面向形成性评估与评分》（以下简称《如何编制和使用量规》）。

这本书是写给普通教师的，主要目的是为量规在课堂上的应用提供参考。整本书集中探讨了两个问题：一个是量规的基本知识，也就是量规的定义、编制和分类方面的知识；另一个是如何在教学中使用量规。不论教师对量规是否熟悉，这些内容都会帮助教师对量规产生新的认知，并指导教师在课堂上有效使用量规，实施更有效的教学。

一、什么是量规

量规在以往的教学设计理论中涉及不多，对很多教师而言，属于较为陌生的领域。那么究竟什么是量规呢？它与我们平时熟悉的打分表有什么区别呢？

我们来看一个故事演讲量规（见表 5-1）。

表 5-1　故事演讲量规

	故事演讲大师（≥85分）	故事演讲高手（71—84分）	故事演讲菜鸟（≤70分）
内容（40%）	1. 思想内容能紧紧围绕主题，观点正确、鲜明，见解独到，内容充实具体，生动感人（20%） 2. 材料真实、典型，故事有感染力，体现时代精神（10%） 3. 故事结构严谨，构思巧妙，引人入胜（5%） 4. 语言简练流畅，具有较强的思想性（5%）	1. 思想内容基本能围绕主题，观点正确且比较鲜明，见解比较独到，内容比较充实具体且比较生动感人（20%） 2. 材料真实，具有一定的典型性，故事比较有感染力，能在一定程度上体现时代精神（10%） 3. 故事结构比较严谨，构思比较巧妙，比较引人入胜（5%） 4. 语言比较简练流畅，具有一定的思想性（5%）	1. 思想内容有主题，有比较正确的观点，有一定的内容（20%） 2. 材料比较真实，有一定的故事性，能在一定程度上体现时代精神（10%） 3. 故事有结构，有构思（5%） 4. 语言比较流畅（5%）

（续表）

	故事演讲大师 （≥85分）	故事演讲高手 （71—84分）	故事演讲菜鸟 （≤70分）
表达 （30%）	1. 演讲者语言规范，吐字清晰，声音洪亮圆润（10%） 2. 演讲表达准确、流畅、自然（10%） 3. 语言技巧处理得当，语速恰当，语气、语调、音量、节奏张弛符合思想感情的起伏变化，能熟练表达所演讲的内容（10%）	1. 演讲者语言比较规范，吐字比较清晰，声音比较洪亮圆润（10%） 2. 演讲表达比较准确、流畅、自然（10%） 3. 语言技巧处理比较得当，语速比较恰当，语气、语调、音量、节奏张弛在一定程度上符合思想感情的起伏变化，能比较熟练表达所演讲的内容（10%）	1. 演讲者语言有一定的规范，吐字不够清晰，声音不够洪亮圆润（10%） 2. 演讲表达不够准确、流畅、自然（10%） 3. 语言技巧处理不够得当，语速不太恰当，语气、语调、音量、节奏张弛不太符合思想感情的起伏变化，不能熟练表达所演讲的内容（10%）
综合印象 （20%）	1. 演讲者精神饱满，能较好地运用姿势、动作、手势、表情表达演讲内容（10%） 2. 演讲者着装端庄大方，举止自然得体，有风度，富有感染力（10%）	1. 演讲者精神比较饱满，能运用一定的姿势、动作、手势、表情表达演讲内容（10%） 2. 演讲者着装比较端庄大方，举止比较自然得体，比较有风度，富有一定的感染力（10%）	1. 演讲者精神不够饱满，不能较好地运用姿势、动作、手势、表情表达演讲内容（10%） 2. 演讲者着装不够端庄大方，举止不够自然得体，不够有风度，不够有感染力（10%）
现场效果 （10%）	演讲具有较强的感染力、吸引力和号召力，能较好地与听众的感情融合在一起，营造良好的演讲效果（10%）	演讲具有一定的感染力、吸引力和号召力，在一定程度上能与听众的感情融合在一起，营造比较好的演讲效果（10%）	演讲不具有较强的感染力、吸引力和号召力，不能与听众的感情融合在一起，未能营造良好的演讲效果（10%）

首先，我们可以看出，上述量规不是普通的打分表，它不只是给学生一个分数，它不仅仅用于评估学生，不仅仅服务于教师的教学。量规的一个重要功能是帮助学生学习，它如同学习的一个航标，是学生学习达标的一个衡量标准。上述量规可以让学生知道一个成功的故事演讲是什么样的。

其次，量规包含所学内容的核心要素，包含应有的学习行为描述，即学生学习表现的标准。这样，学生就可以用它对当下的学习情况进行自我评估。具体地说，依据量规学生可以评估自己的演讲在内容、表达、综合印象、现场效果这几个方面表现如何。

另外，量规还包含连续的表现质量层级，比如上述量规中的"大师""高手""菜鸟"层级。这样，学生评估出自己的表现层级后，还可以向更高的层级不断进步。显然，这样的量规可以为学生的学习提供服务：既可以指导学生自主学习，也可以用于学习结果的自我诊断和评估，以及小组、同伴互评。当然，这个量规也可以用于教师对学生学习结果的评估，从而指导教师进行更有效的教学。

简单地说，量规是针对学生学习制定的，包含一组清晰、连贯的标准，以及这组标准下各层级的表现质量描述。当量规被正确地编制和使用时，它是帮助教师教与学生学的有力工具。

量规有两个必备要素：一个是有关学生学习表现（而非任务）的清晰、合理的标准，另一个是连续的表现质量层级描述。"一般量规"的这两个要素，可以给学生比较准确的学习反馈，让学生发现自己的问题，看到努力的方向，而不仅仅是得到一个冷冰冰的分数。这也是它与打分表的区别之一。

作者列举了量规的不同种类，概述了各种量规的区别，还解释了各种量规适用的教学情形，并有涉及各年级和各学科内容的丰富案例。可以说，这是一本帮助我们设计和编写量规的很好的参考书。

二、各章核心要点

第1、2章：量规的主要用途是对学习表现进行评估；其本质是描述性的，既可以描述学生的过程表现，也可以描述具体成果。量规按标准分为解析型、整体型，按性质分为一般量规、具体任务量规。

编制量规的常见误区有聚焦学习任务而非学习结果，聚焦数量的累加而非表现质量描述，聚焦等级评估而非表现质量描述。

第3、4章：量规是学生努力的目标。设计量规时要根据教学目标，从预期的学习结果出发，选择恰当的标准，对质量的层级进行描述。设计量规的方法有"自上而下法"与"自下而上法"两种。

这部分还配有案例分析，如"6+1"写作量规的分析、"数学问题解决"量规的分析。

第5、6章：具体任务量规不同于一般量规，主要区别是针对特定的任务，一般在与评分相关的教学情形中使用，主要用于评估学生对主体知识（事实和概念）的回忆和理解。

水平量规是另一种量规，它与基于标准的评分表环环相扣，其表现层级可以表述为标准的达成情况，它是从标准的角度来记录学生学业水平层级的。

第7、8章：将量规与检查表、等级量表区分开，明确量规的合理使用时机。补充了其他非量规评估工具的使用情形，并提供了众多量规使用案例。

第9、10章：主要介绍量规的使用，主要是量规与形成性评估。包括：①如何使用量规分享学习目标？②如何使用量规实现教师和同伴的反馈？③如何使用量规实现学生的自我评估和目标设定？④如何使用量规帮助学生提出关于任务的有效问题？

第11章：等待读者你来解锁……

三、关于量规的新知识

通过阅读这本书，可以获得许多有关量规的新知识。

- 形成性评估量规区别于评分或划分等级。
- 课堂教学中适用解析型量规、一般量规。
- 在任务开始前与学生分享量规。
- 量规标准的生成过程也是学生描述自己学习质量的过程。
- 编制量规要聚焦学生的学习而不是教学。
- 学习结果不等于学习任务，也不等于学习成果。
- 单纯的评分或评等级，都不是正确的量规。

除此之外，以下还有一些有关这本书和量规的"好问题"，供老师们在阅读与教学实践中进一步思考和探索。

①怎样通过量规帮助学生更好地明确学习目标与任务？
②怎样通过量规帮助学生在元认知方面有更好的成长？
③数学题是否存在对与错之间的中间状态？如何描述这一状态？
④平时设计的练习，是传统评分方法还是标准评分？怎么区别？
⑤运用量规使学生在课堂上自省还有哪些更有效的方式？
⑥如何激发学生自主理解和使用量规的兴趣与意识？
…………

总之，对任何教育者来说，这本书都是极好的资源，它能帮助教育者更加积极、有想法地编制有效量规或选择量规。相信这本书能够鼓励教师开展更加有效的量规评估和教学，尤其是让学生更多地参与到自我评估与学习过程中，从而达到促进学生自主学习、支持教师有效教学的目的。

》何其书

> 学以致用 ❶

用量规助力学生学习

如何激发学生的学习兴趣,让学生更好地发挥主体作用主动学习,是教师的任务。在这一过程中,评估发挥着重要作用,教师不仅要在学生学习过程结束后评估学生的知识掌握程度,还要随时进行教学评估,并及时调整学习任务,以更好地引导学生进行学习。在这种背景下,《如何编制和使用量规》中的量规评价系统带给我很多启示。

一、你了解量规吗

其实,我们并不特别了解量规。

1. 什么是量规

量规是用来评估学生学习表现的评价体系,包含一组清晰、连贯的标准,以及这组标准下各层级的表现质量描述。教师或学生都可以使用量规来评估学习的结果,进而帮助学生改善自己的表现,帮助教师调整自己的教学。例如,表5-2就是一个"小组合作学习"量规。

表5-2 "小组合作学习"量规

	优秀级	合格级	改进级
领导力	组长非常清楚小组学习任务,能激发团队成员的积极性;能及时捕捉团队中出现的好方法,优化过程,超出预期完成任务	组长清楚小组学习任务;始终关注团队成员的分工协作;能协调可能出现的问题,确保高效完成任务	组长领导力不足,不能有效组织团队通过分工协作高效完成任务

（续表）

	优秀级	合格级	改进级
分工与协作	每位成员都清楚小组学习任务，也清楚自己的任务和其他成员的任务；每位成员都时刻关注任务的进展情况，并及时做出调整，成员之间配合默契	每位成员都清楚小组学习任务，也清楚自己的任务；成员能互相帮助，互相补台，互相启发	分工不明确，存在"打酱油"的现象，缺乏合作，存在"各干各的"的现象
规划与效率	成员充分研讨小组学习任务，明确任务之间的关系，形成合理科学的小组规划表；每位成员都能有序完成各自的任务，使小组工作更加高效快捷	每位成员都清楚小组学习任务，做出小组规划；每位成员都能在规定时间节点完成各自的任务	不清楚小组学习任务，缺乏统筹和规划，不能在规定时间完成任务

使用者拿到这份量规后即可进行自我评估，据此评定小组合作学习的情况，并提出建议或加以改善。

2. 量规是打分表吗

英语口语打分表（见表5-3）并不是一个量规，它对评估学生的学习表现没有多少帮助。虽然左列标明了项目，但学生在得到分数之后并不知道自己的问题出在哪里。例如，假如"语速适中"这一条学生得了1分，但他并不知道自己的语速是过快还是过慢。更糟糕的是，学生无法据此打分表改善自己的表现：如何才算发音准确？如何才算表达连贯？如果我想在这些项目上获得5分，我需要做什么呢？

表 5-3　英语口语打分表

项目	分数				
发音准确	1	2	3	4	5
语速适中	1	2	3	4	5
表达连贯	1	2	3	4	5
代入情感	1	2	3	4	5
总分					

由此可见，这种打分表不应作为量规。打分比较直观，如果评分标准是确定的，分数也很有说服力。而量规更容易让学生发现问题，帮助学生提升。

3. 何时使用量规

事实上，我们经常使用量规，只不过并没有将它们写出来罢了。这个西红柿很大（分量），很红（成熟度），没有虫眼（品质），但有点儿贵（价格）——在买东西时我们也会使用量规来帮助我们进行评估。因此，本文中所说的"使用量规"，只是将教师心中的评估体系写出来，以帮助教师与学生更好地查阅，并给予学生更直观的提升方法。

二、如何设计量规

下面分享我在设计"解析几何解题"量规（见表5-4）中的一些想法、错误与探索，尽可能地解释量规设计中的一些原理与误区。

表 5-4 "解析几何解题"量规（初稿）

层级 维度	4	3	2	1
思路	思路清晰，能将题中的条件与结论转化为简单的代数关系	能将题中的条件与结论转化为代数关系，通过正确但不够简洁的方法得到最终答案	思路不清，只能完成设点—列方程—联立方程—运用韦达定理这些公式化的步骤	完全读不懂题
计算	计算无误且快速	计算无误	计算有瑕疵，但不影响主要结果	计算有误
书写		说理清楚，字迹清晰	缺少必要的文字说明或步骤	缺少关键步骤，甚至只有最终结果

在学习解析几何"圆锥曲线"时，我发现学生的错误千奇百怪，有时是思路问题，有时是计算错误，有些学生的解题过程写得不够清楚，批改作业十分费劲。于是，我就想到，能否让学生更加深刻地认识到这道题是什么原因导致错误，进一步提升呢？因此，我就设计了这个量规初稿。接下来，我们一步步修正它，并在修正的过程中强调一些需要注意的地方。

1. 确定量规的维度

确定量规维度需要全盘考虑：我希望评估学生的哪些方面？学生在哪些方面能做得更好？维度最好是有代表性的、可迁移应用的。针对"解析几何解题"，我们设立了三个维度：思路、计算、书写。维度应当稍大一些，着重刻画关于这类问题学生的表现，而非关于某个具体问题学生的表现。

2. 确定量规的层级

最好不要像初稿中那样使用数字。量规评估最希望的就是学生从分数中跳出来，不是仅仅给自己打分，而是评估自己在多个方面的表现，评估自己的学习行为。只要出现分数，学生就一定会将每项得分相加。这就违背了使用量规进行评估的初衷。

另外，设立多少个层级视情况而定，但不要太多。经过思考和分析，我们最终设计了三个层级：优秀、合格、有待提升。初稿中还有一个"完全不会"的层级。后来经过进一步使用和反思，我们觉得"完全不会"层级显然可以归并入"有待提升"层级，不需要单独设立。我们设立的层级，是要赋予其表现质量描述的，而这些描述要有足够的区分度。如果进行表现质量描述时觉得两个层级区分不开，就可以想想层级是不是设置得太多了。

3. 描述行为表现

搭好量规框架后，接下来就要描述具体层级学生应有的行为表现。在描述时，不要用细节去卡学生。举个例子，在制定英语写作量规时，通常不要用拼写错误的数量去要求学生，因为这和学生作文的长度、用词的准确程度等都有关系。量化会导致学生写起作文畏首畏尾，去"凑"量规中的表现层级描述，这不是我们想要的。因此，在描述时，一般不用具体数量做限制，更多的是用语言。

表5-5是改进后最终形成的"解析几何解题"量规。我们对维度进行了全盘考虑，着眼于迁移应用，明确区分层级，对每个维度、每个层级学生的学习行为进行了细致描述。这样更便于学生自查，对自己的学习情况进行评估，也便于教师检查。

表 5-5 "解析几何解题"量规（终稿）

层级 维度	优秀	合格	有待提升
思路	满足以下四条： 1. 能够较为准确地判断设点还是设直线，将题目中的条件与结论（垂直、过定点等）转化为简单的代数式进行解决 2. 分类讨论时对不同类别需要满足的条件能够清晰判断 3. 针对设出的未知数，有意识地去找题目中相应的条件进行表示 4. 有对特殊情况（直线斜率不存在等）进行特殊处理的思想	满足以下三条： 1. 能够将题目中的条件与结论转化为代数式，但使用的不是最佳方法，导致计算量很大 2. 分类讨论时对不同类别需要满足的条件能够清晰判断 3. 有对特殊情况进行分析的思想	满足其中任意一条： 1. 不能将题目中的条件与结论转化为代数式，只能机械地设直线或点、联立方程、运用韦达定理 2. 分类讨论时错误地判断每一类所需满足的条件 3. 不考虑特殊情况，尤其是 0 与边界处
计算	满足以下两条： 1. 计算、化简过程无误且快速 2. 即使面对较为复杂的式子，也有敢于化简的勇气，对自己前面的步骤有信心	满足以下两条： 1. 计算、化简过程无误，或自己能检查出错误 2. 面对复杂的式子有畏难情绪，总想更换方法逃避化简，导致做题速度慢	满足其中任意一条： 1. 计算或化简有错误 2. 运用韦达定理不考虑判别式 3. 面对最值问题不会利用均值、求导等方法求解
书写		满足以下两条： 1. 格式规范，所有点与参数在使用前都设过，式子推理过程严谨，不跳步 2. 书写清楚，按照竖列书写，涂改时也不会引起歧义	满足其中任意一条： 1. 格式不够规范，不设点就直接使用坐标；推理过程中有跳步或说理不明的地方，缺少必要的文字说明 2. 字迹潦草，有笔误或难以分辨的部分，横行书写

三、使用量规应注意的事项

首先，应该让学生习惯使用量规进行评估，而非将量规中的等级"换算"为分数再进行评估。

其次，量规并不能完全替代分数评价。这两种评价体系适合不同的场合。量规评价体系在平时作业、小组活动以及完成项目等方面有不错的效果，而检验知识是否掌握，还是应该使用单元测试这种分数评价更为客观。

》张乐之

学以致用 ❷

如何编制和使用量规

量规，是一种广泛使用的教学工具。它通常是指针对学生学习而制定的一组清晰、连贯的标准，以及这组标准下各层级的表现质量描述。我们来看一个例子（见表 5-6）。

表 5-6 写作项目的一般量规

标准层级	内容	推理与论证	清晰度
4	论点清晰；有大量且充足的材料和佐证作为支撑；所有材料相互关联，且细节充分；信息、数据来源可靠，且注明参考资料	论证信息与论点密切相关，且表述准确；论证过程有逻辑且简洁；行文流畅；引入、转折等衔接材料引人入胜	语法和用法几乎没有错误，即使有，也不影响阅读；语言风格和语词选择高度有效，能够促进理解，且与整个项目相符
3	论点清晰；有足够的材料和佐证作为支撑；大部分材料相互关联；信息、数据来源可靠，且注明参考资料；虽然有少量错误，但不影响论文观点表达	论证信息与论点密切相关，但不是所有关联都说得通；论证过程有逻辑；行文较为流畅；多数引入、转折和其他衔接材料能够引人入胜，虽然有一些突兀的转折，但并不影响阅读	语法和用法出现一些错误，但不影响理解；大部分语言风格和语词选择有效，且与整个项目相符
2	论点不够清晰；只提供了一些材料和佐证作为支撑；部分材料有关联，部分没有；缺少细节；信息、数据有误，但标注了一些参考资料	一些论证信息与论点相关，但是关联说不通；论证过程虽有结构支撑，但缺乏逻辑；行文不流畅；引入、转折和其他衔接材料缺少或失败	语法和用法出现重大错误，且影响理解；语言风格和语词选择过于简单、直白，显得低效，或者与整个项目匹配度不高

(续表)

标准\层级	内容	推理与论证	清晰度
1	论点不清；提供的材料大部分都与主题不相关或者不正确；缺少细节；没有标注参考资料	论证信息与论点无关；论证过程没有逻辑；行文不流畅；材料组织、安排缺乏相关性	语法和用法出现重大错误，使得文章表意不清；语言风格和语词选择低效，并且/或者与整个项目匹配度不高

上述写作项目的一般量规似乎有点儿类似于语文、英语等学科的作文评分标准。由此也就不难理解量规的定义中为什么既包含"一组清晰、连贯的标准"，又包含"各层级的表现质量描述"了。有一种观点认为，对语文、英语等文科，尤其是对往往没有标准答案的主观题，量规这种描述性标准是很重要的；而数学、物理等理科，题目往往有明确的答案，可以简单地用"对""错"来评估，就没必要引入量规了。很遗憾，作为一名物理教师，我曾经就有过类似的想法。

《如何编制和使用量规》给我打开了一扇新大门，让我重新认识了"量规"这一概念，并且使我意识到，数学、物理等理科同样是非常需要量规的。我发现，量规的使用是没有学科特异性的，它是文科教师提升工作效率、帮助学生学习的有力工具，对理科教师来说同样如此。

一、教学中为什么要引入量规

为了给量规对理科的适用性正名，我们首先思考一个问题：在教学中引入量规的目的是什么？我想，是为了辅助教师实现精细化评估。也就是说，量规不是"非对即错"的简单的二元评价体系，而是包含对不同水平层级的描述（见表5-6）。那么，理科究竟需不需要精细化评估呢？答案是肯定的。事实上，除了选择题适用"非对即错"的二元评价体系外，理科中不可缺少的计算题几乎不可能是"非对即错"的。因为计算题既要回答结果，也要书写步骤，因此往往会有"半对"的情况出现。那么，什么情况算"半对"呢？"半对"到底应该给多少分？这就需要制定相应的评分标准。显然，科学合理的评分标准就类似于量规。

二、量规比传统的打分制好在哪里

量规作为一种精细化评估的手段，比起传统的打分制好在哪里呢？乍一看，随便一套传统理科试卷，通过打分制都可以给出 0 分到 100 分的 101 个层级。这么"精细"的区分度，不是比表 5-6 中每个标准都只划分为四个层级的量规，更精准吗？实际上不是的。量规不是粗糙地模仿打分制，它有后者无法替代的优点。那就是，量规的描述性可以给予学生及时而准确的反馈，而不是让学生在考试后看到一个冷冰冰的数字。量规最有价值的地方就在于此——它是学生努力的目标。

量规可以让学生看到自己努力的方向，可以贯穿学生学习过程的始终。教师可以事先将量规发给学生以指导他们的学习，也可以让学生在考试后结合量规进行反思、总结。而这是不分学科的，量规的这些作用同样适用于理科。正因为如此，不能将量规简单理解为标准答案，因为后者并不能事先发给学生参考，也不能贯穿学习的全过程——毕竟，标准答案是与具体题目紧密联系在一起的。

三、如何制定量规

既然量规在各个学科中都可以发挥巨大的作用，那么该如何制定恰当、清晰、可用的量规呢？《如何编制和使用量规》给出了一些建议。从表5-6中我们可以发现，量规通常呈现为一个表格，每一行（或者列）是一个评估标准，而每一列（或者行）是该标准下的几个表现层级。因此，一个典型的量规编制过程包含以下三步。

1. 选择评估标准

教师可以先从自己预期的学习结果出发，思考一个良好或者优秀的学习结果应该包含哪些要素，这些要素就是评估标准。量规反映了教师对学生的期待。可以说，制定量规的过程就是教师备课的过程。通常可以从自己任教学科的课程标准中获得启发，选择合适的评估标准。虽然评估标准在整个量规中所占的字数极少，但对它的选择是量规编制中最重要的一环，值得花时间仔细斟酌。好的评估标准，能够全面反映学生的能力，适应学生多元发展的要求，甚至可以迁移到本学科的其他学习任务中，起到事半功倍的作用。

2. 划分层级

量规通常有四分级（优秀、良好、合格、不合格）、五分级（A、B、C、D、E）、六分级（杰出、熟手、胜任、成型、入门、新手）等几种。在很多场景中，四分级就足以涵盖大部分可能性，并为学生提供足够的指引。考虑到要事先发给学生，可以把四分级表述为学生更易接受的"突出""熟练""近乎熟练""新手"。如果你把握不好这几个层级之间的区别，那么可以更直白地把四分级理解为"全对且有创新""全对""有一些错误，但整体是对的""不对"。值得注意的是，如果采用四分级，而某个评估标准并不能体现创新能力，那么这个评估标准就应该设置三个层级，即最高层级应为空缺。例如，数学学科的某个量规中，如果包含背诵乘法口诀和应用乘法口诀解题两个评估标准，那么前者应该空缺最高层级，而后者可以设置四个层级。

3. 对每一个评估标准下的每一层级进行描述

显然，这一步构成了量规的主体。一个常用的方法是，首先针对大部分学生可以达到的层级（例如四分级中的"良好"，或者六分级中的"胜任"）进行描述，再以此为锚点对其他层级的描述进行改写。当然，也可以先描述最高层级，再迁移到其他层级。无论运用何种方法，都要注意，不需要为四至五个不同的层级编写四至五个完全不同的描述，而应该逐层进行描述，就像表5-6同一列所展示的那样。然而，层级描述归根结底是一种描述，不能把类似于"优秀""良好"等评价性词语写入层级描述中，否则就会让量规失去意义。

如前所述，量规可以起到给予学生目标指引、帮助学生反思学习成果的作用，因此，它必须使用学生能够理解的语言。对学生友好的量规，不是简单地把考试要求加上第一人称"我"就可以实现的。比如，在层级描述中使用"合理使用术语和符号""解题步骤完整准确"是可行的，因为学生可以对照这些要求自我评估；而让学生评估自己的"数学概念和原理的理解水平"，则不可行。

总的来说，在阅读《如何编制和使用量规》的过程中，我不仅对量规的作用有了更深刻的认识，也对如何制作量规有了更好的理解。运用量规可以从多个维度对学生的学习进行精细化评估，可以为学生学习的全过程提供指引。量规不仅广泛应用于文科教学，也完全可以在理科教学中发挥作用。依照上述三个步骤，一个新手教师也可以制作量规，并体会到它为教师教学、学生学习带来的魅力。

》高天琪

学以致用 ❸　针对大项目课程的量规编写方法与使用误区

大项目课程是项目式学习的一种，以解决真实问题为学习目标，以真实情境贯穿整个学习过程。由于课程项目的真实程度高，常常是用一个学期的时间，完成一个整体项目。这样的项目往往复杂程度很高，而且不同环节之间的关联性较强，最终完成的效果与每个环节的完成程度紧密相关。在这一过程中，量规作为辅助学生学习的工具，发挥着重要作用。

一、大项目课程的量规编写方法

"水下机器人"课程需要学生在一个学期里完成水下机器人的设计与制作，包括水下机器人的结构设计与制作、推进器的制作、控制机构的制作、探测系统的安装、手柄的设计与制作，等等。最终产品与这些都密切相关。量规在这一项目上的意义是为学生的整个学习过程导航。量规通过"瞻前顾后"的方式，一方面，用有标准、有层级的过程性描述语言，让学生关注当前的学习目标，按照规范操作，高质量地完成任务；另一方面，用连贯、清晰的标准，引导学生考虑整体，明确当前任务在整个大项目中的作用，对重点发力。

例如，在"结构设计与制作"环节，学生需要使用教师提供的材料，自主设计、装配水下机器人。学生天马行空的想象在这一环节发挥得很充分，量规在这里的作用非常突出：一是帮助学生了解具体的设计与制作要求，明确机器人框架大小、重量的要求等，将机器人框架设计出来；二是帮助学生发现框架在整个设计中的作用，了解还有什么设备需要装配到机器人身上，并最终制作出符合要求的机器人框架。

针对大项目课程周期长、要素多的特点，为了使学生能够"瞻前顾后"，编制量规应当兼顾三个内容：一是对大项目中每个子项目的过程性说明，二是对学习成果最终呈现效果的描述，三是终结性评估环节的展示要求。

量规是针对具体任务设计的，描述的是每个具体学习目标下的评估标准，更多地体现了学习过程（见表5-7）。

表5-7　针对某个子项目的量规

	示范级	完成	尚可	待改进
手柄制作	手柄有设计，有合适的外壳，充分考虑了操作的便利性；电路连接正确，接口处理良好，短路处理良好	首次测试，手柄能够很好地实现对机器人的控制；电路连接正确，接口处理良好，短路处理良好	首次测试，部分手柄可以实现功能，在较低限度的援助下，即可实现手柄的控制功能；进行了电路的短路处理	首次测试，部分手柄可以实现功能，在同学或老师的帮助下，经过电路修正，可以控制

而学习成果的最终呈现效果如何？终结性评估环节的展示要求是什么样的？针对这两种情况的量规列出了成果呈现效果良好所具有的特征（见表5-8），这与整体学习成果紧密相关。

表5-8　指向最终学习成果汇报的部分量规

	示范级	完成	尚可	待改进
PPT设计及汇报	设计感强，逻辑清晰，设计简约得当，内容丰富，表达科学	图文并茂，逻辑清晰，用词科学严谨，内容丰富	内容较为全面，语言比较严谨科学	内容不够全面，语言表达偏口语化

二、解析型量规及其使用误区

在《如何编写和使用量规》中，作者认为，用量规进行评估时，依据的标准可以是单个的，也可以是整体的。依据的标准如果是整体的，这样的量规就是整体型量规；如果是单个的，针对每项标准单独进行评估，这样的量规就是解析型量规。

解析型量规针对每项标准单独进行评估。据此学生更容易弄清重点难点内容。在"水下机器人"课程中，学生所学的内容是该领域比较新的知识，由于知识储备不足，学生会感觉有一定的难度；教师在讲授时有时过于强调操作安全规范等，容易在非重点的地方投入过多。此时，一个解析型量规，针对不同的难点和重点进行描述，对学生来说，将是一个很好的学习帮手，可以帮助他们突破难点，掌握重点；对教师来说，能够起到"助教"的作用，可以帮助教师"重复"强调重点，确保学生有效地边实践边学习，解决学生动手实践时教师关注不到每一位学生的问题。解析型量规还能帮助教师在学习过程中对学生的学习情况进行评估，有利于形成过程性评估，促进形成性反馈。

例如，对涉及的电路内容，初中生还没有足够的物理基础，对其中的原理和操作往往理解得不透彻，一旦出现问题，就难以解决。这时，一份指出重点内容的解析型量规就可以发挥作用，还可以帮助学生进行自查。

值得注意的是，由于解析型量规是针对每项标准单独进行评估，教师在制定时容易强调细节，更容易将学习结果与学习任务混淆。例如，在学习防水电机制作过程中，我们一开始制作的量规强调了电机的外形、电机的功能、螺旋桨的形态、线路处理四个方面。实际上，这是学生最终完成电机防水后整体成果的显示，不是对过程的描述。用这份量规引导学生学习时，学生就很难搞清楚是如何获得一个外形完整且防水的电机的。

于是，我们在量规中增加了这样的描述："首次下水测试时，电机防水外壳完整不破损，透过防水外壳可以看到直流电机经过了三级防水处理；螺旋桨在入水工作一段时间后，仍能正常工作并且不掉落；等等。"

三、一般量规及其使用误区

项目开始第一周进行整体介绍，学生一般记不住整个学期的安排，他们也不能仅仅依靠最初的项目介绍，就正确描述最终成型的项目成果是什么样的。学生对整个项目的把握和理解是随着子项目的完成而逐步加深的。这时，制定一份能够统摄项目整体的量规，对辅助学生学习是很有必要的。这样的量规属于一般量规。另外，关于工具使用的教学，对初中生来说，是具有挑战性的，同样需要一份如何使用工具的一般量规，来帮助指导学生使用工具。

也就是说，一般量规使用的标准和表现描述是比较概括的，能够应用于不同的任务，指向整体学习成果而不是某一具体任务。与具体任务量规相比，一般量规具有以下优势。

- 可以在任务开始之前与学生分享量规，帮助学生计划和监控学习过程。
- 可以用于多种不同任务，持续关注学生知识和技能的发展。
- 学习表现描述适应学生的多元发展要求。
- 将教师的关注点从完成任务转移到培育学习技能上。
- 每次开展任务前，量规无须重复制作。

应当注意的是，一般量规所涉及的内容，更多地指向普适性或总述式的描述，这使得教师在处理这类量规时，更容易联想到评价等级量表，也就是用等级分数来直接衡量学生的学习过程（见表5-9）。

表 5-9 "水下机器人"项目成果评估量规

	示范级	完成	尚可	待改进
结构完整性、功能完整性、任务完成度三项总分100分	在结构完整性、功能完整性、任务完成度三个方面共计得分90分及以上	在结构完整性、功能完整性、任务完成度三个方面共计得分76—89分	在结构完整性、功能完整性、任务完成度三个方面共计得分65—75分	在结构完整性、功能完整性、任务完成度三个方面共计得分64分及以下

表 5-9 这个量规的标准与水下机器人在水中执行任务的得分直接关联。实际上，简单的得分并不是描述水下机器人表现的最佳方法。得分与很多因素有关，如水下机器人操作者的操作水平、练习时长等。因此，这类分数并不能完全描述学生表现出来的学习结果和水平。

因此，我们尝试对上述用等级分数进行评价的量规加以修正，增加对学习行为的描述，将学生应达到的学习标准描述出来，让学生知道什么样的表现能达到"示范级"，什么样的表现是"待改进"的。例如，在"示范级"中增加了以下描述："水下机器人在任务环节具有功能完整性，即能够实现上下、左右、前后六个方向的移动，有足够的推力能够实现带动三种不同的得分物移动；操作手在完成水池任务时，能够熟练地操作机器人完成对不同得分物的获取与带回；在完成任务过程中，操作手、得分员、观察员能相互配合，共同完成任务。"

》范爽

学以致用 ❹ **利用量规在语文教学中进行形成性评估的实践**

在教学中，形成性评估对调整和改进学生的学习行为具有重要意义。形成性评估能通过对学生学习全过程的持续观察、记录、反思，使学生从被动接受评价转变为评价的主体和积极的参与者，从而明确自己的学习活动存在的问题和改进的方向，及时修正或调整自己的学习行为，以获得更加理想的效果。

在对学生进行形成性评估时，有一个重要的工具就是量规。在教学中，教师借助量规，不仅可以时时提醒学生明确学习目标，对学习过程进行反馈，还能实现学生的自我评估，引导学生调整后续学习行为，促进进一步学习的发生。

下面是在初中语文教学中利用量规进行形成性评估的具体做法。

一、通过学习量规，实现形成性评估

依据部编版初中语文教材七年级上册第六单元的能力点要求，我们对这一单元重新进行整合，将其整合成"童话节"单元。为了达成"能对童话人物形象有自己的评价，合理阐释童话人物和现实的联系"这个单元目标，我们设计了这样的核心任务："学校狂欢节将至，请你阅读多篇童话后，根据你对童话人物的理解，写一封劝说信，邀请你的一位老师或同学扮成一个童话人物，参加学校狂欢节巡游，并为该人物设计出场装扮、动作和解说词。"这个任务能否顺利完成的一个关键在于劝说信的写作。为此教师给出了劝说信量规（见表5-10）。

表 5-10 劝说信量规

	挑战成功	胜利在望	还需修炼
事	童话人物形象特征概括准确，能让老师或同学非常清楚要扮演的人物形象及其特征	童话人物形象特征概括较准确，能让老师或同学基本明白要扮演的人物形象及其特征	童话人物形象特征概括模糊，老师或同学不能明确所要扮演的人物形象及其特征
理	有充分的理据让老师或同学明白自己与童话人物形象的合理联系，及扮演角色的重要意义	有较充分的理据让老师或同学明白自己与童话人物形象的联系，及扮演角色的意义	理据不充分，不能让老师或同学了解自己与童话人物形象的联系，及扮演角色的意义
情	语言生动、凝练、得体，情理交融，能让老师或同学欣然接受请求	语言流畅、得体，情感饱满，能打动老师或同学	语言生硬，情感疏离，不易让老师或同学接受请求

那么，如何使用本量规对学生的学习进行形成性评估呢？

1. 使用前解读量规，明确评估的维度与要求

教师带领学生一起研读、讨论量规，明确一封成功劝说信的核心要素。本量规从"事""理""情"三个维度进行了"挑战成功""胜利在望""还需修炼"三个层级的表现描述。"挑战成功"为最高层级。要想劝说成功，首先要对自己所选的童话人物有准确全面的解读，而且能巧妙地为童话人物和扮演者建立起关联，还要有理有据，情理交融，用语凝练、生动，打动被劝说者，使其欣然接受。

2. 使用量规，实现学生的自我评估

劝说信量规是学生监控自己劝说信写作的参考，在写作过程中、写作完成后都可以对照量规中的要素，评估自己的劝说信，明确劝说信的不足和修改方向，并据此改进。

在学生自我评估的过程中,教师还提供了自省支架。

支架一
我对童话人物形象的解读准确、合理吗?
我如何确定我的解读是准确、合理的?
我如何使我的解读更加准确、合理?

支架二
我的劝说足够打动被劝说者吗?
我如何确定我的劝说足够打动被劝说者?
我如何使我的劝说更具打动被劝说者的力量?

学生可在自省时发现问题,明确改进方向,在形成性评估的引领下对劝说信修改升格,促进个性化学习。

3. 使用量规,实现同伴反馈

学生完成自我修改升格后,教师还可以组织学生用量规进行交流。量规为同伴讨论提供了框架,学生可针对量规中的描述,用量规语言讨论彼此的劝说信,提出意见,并解释理由。

例如,如果 A 同学提出 B 同学的劝说信对人物形象的解读不够全面合理,他就要提出自己的改进建议,并解释理由。同时 A 同学也要听取同伴的评论和反馈,来丰富或修正自己的理解。而 B 同学则要认真听取同伴的评论,思考同伴建议的合理性和可能出现的疏漏与偏差,并将同伴的意见和量规对比,以确定自己在后续劝说信的修改中要采纳的意见和建议。

同伴反馈不仅可以促进同伴之间的对话交流,也使他们在交换信息的同时,加深了自己对劝说信量规标准的理解,同伴反馈的过程也正是学习真实发生的过程。

4. 使用量规，实现教师反馈

学生交了劝说信后，教师要利用量规对学生的劝说信进行评估反馈。劝说信量规既可以避免教师评价的主观随意性，又可以让教师通过标注量规相关条目的方式进行评价，省却教师大量的评语书写。对少数问题较大的学生，教师可进行个别化沟通，当面指导。在教师反馈这一环节，也要关注学生的差异，不是每个学生都必须达到最高级别，只要学生跳起来够到了自己力所能及的高度，就允许差异存在。

二、通过制定量规，实现形成性评估

在"童话节"单元，我们设计了这样一项子任务："围绕文本提出三个你希望在本周'童话沙龙'中进一步讨论的好问题。"学生对这项作业最感困惑的是，什么样的问题是"好问题"。这就需要制定好问题量规来帮助学生。在以往的教学中量规基本上都出自教师之手，在本单元教学中，基于学生对单元文本已经有了较为深入的理解，教师决定与学生一起讨论、制定好问题量规。

1. 搜集问题样本，为制定量规准备素材

我们班有5个学习小组，每个小组先提交3个自己认为的好问题。这样就有了15个问题，为制定量规提供了基本素材。之后学生的任务是从这15个问题中选出3个好问题。

2. 将问题分类，并描述具体理由

学生以小组为单位，对这15个问题的优势和不足提出自己的看法。看法要具体，要结合相关文本或学习目标来解释理由。

例如，"这个问题不仅指向童话主题的探究，更具有多元解读的可能""这个问题在课文中找不到相关的解答线索""这个问题和

单元学习目标关联不大"。这一步操作不仅可以让学生再次明确学习目标，熟悉文本，也是在引导学生思考究竟什么样的问题才是好问题。

3. 分析描述，提取标准

针对问题分类以及分类原因的描述，学生进一步深入讨论并斟酌问题的属性以及分类用词，小组对质量标准达成一致意见时，提取出好问题标准的关键词。在对描述进行分析后，学生会得出这样的结论：好问题一定要和单元学习目标紧密相关，好问题能在文本中找到解答线索，并且能引发多种阐释，能与现实产生关联。于是就会得出好问题标准的关键词——"目标""文本""价值"。这就是好问题量规的三个维度。

4. 描述表现层级，形成量规初稿

引导学生依据维度对各层级进行表现质量描述。教师提醒学生可以用刚读完的《西游记》中的相关要素代替"优秀""良好""合格"三个层级的用词，以便让同伴能友好对待同学提出的问题。于是学生确定了"问题大帝""问题老君""问题仙童"三个表现层级。然后进一步讨论每个维度的内容怎样随着表现层级逐层变化，并形成各层级表现质量描述的初稿。教师引导学生先完成最高层级"问题大帝"的表现质量描述，然后逐层向下进行描述。

5. 研讨初稿，完善量规

在量规的描述初步完成后，小组同学要逐条斟酌，并将量规应用于 15 个问题样本的评估，以发现量规中的问题，并对量规进行修正。这一过程既是完善量规的过程，更是引导学生用量规对自己提出的问题进行评估的过程。在这一过程中，学生会重新思考自己提出的问题是否聚焦了量规的维度，是否符合相关层级的描述，进而对问题进

行修正。此时好问题量规基本就可以定稿了，学生在制定量规的过程中，也理解、掌握了究竟什么样的问题是好问题，并对自己提出的问题是不是好问题进行了评估。

》李素娟

> 学以致用 ⑤

巧用量规，攻克"硬骨头"

课程改革呼吁教—学—评的一致性，提倡评价主体多元化、评价方式多样化。在这样的背景下，教师应该充分发挥量规的作用。

从《如何编制和使用量规》中，我学到了科学有效的量规使用方法，并将其运用于自己的教学实践中。

一、对量规的新认识

此前，我对量规的认识不足，总叫它"评价量规"，只是把它看作一个评价工具。我经常在学习任务结束后使用"评价量规"，将其用于教师评价学生、学生自评或同学互评。而现在的我，深刻认识到量规不仅仅是评价工具，还是帮助学生学习的重要工具，可以根据需要在学习任务开始前、学习任务完成中、学习任务结束后使用。应借助量规，助力教师的教与学生的学，实现教—学—评的一致性。

量规有很多种。相比而言，像阅读量规、实验量规这种指向整体学习成果而非具体任务的一般量规有很多优势。

- 可以在任务开始之前与学生分享量规，帮助学生计划和监控学习过程。
- 可以用于多种不同任务，持续关注学生知识和技能的发展。
- 学习表现描述适应学生的多元发展要求。
- 将教师的关注点从完成任务转移到培育学习技能上。
- 每次开展任务前，量规无须重复制作。

二、用量规攻克"硬骨头"

传统写作教学遵循的是"教师命题—学生写作—教师批改"的教学模式,并配合"课下批改,课上点评"的评改方式。不仅批改和讲评作文费时耗力,而且学生根本摸不透教师判定等级的理由,评价也不能很好地让学生发现错误的原因,错误复现率高,写作能力的提升遇到瓶颈。为了打破这一困局,我尝试使用写作量规,取得了不错的效果。

1. 在写作开始前,带领学生解读作文量规(见表5-11)

我从A班挑选优秀、达标、有很大进步空间三个层级的作文作为范文,让B班学生依据量规评价,以此帮助学生充分理解量规不同层级的表现质量描述。优秀的作文,会让学生"见贤思齐"。不同层级的作文,可以让学生找到自己的最近发展区。更重要的是,有了范文的助攻,量规就变得更加明确、具体,也更能激发学生写作的兴趣和动力。

表5-11 日语写作量规

	有很大进步空间	达标	优秀
内容	内容不符合题目要求	内容符合题目要求,要点比较齐全	内容符合题目要求且充实,中心明确
词汇	词汇使用基本准确,拼写错误较多	词汇使用准确,拼写错误较少	词汇使用精准且丰富,无拼写错误
语法句型	句型单一,存在语法错误	简单句型完全准确,复杂句型有少量错误	简单句型、复杂句型均完全准确,句型丰富
文章结构	没有清晰的开头、中间和结尾,未合理安排段落结构,没有或未准确使用连接词	有清晰的开头、中间和结尾;合理安排段落;使用了连接词,衔接基本连贯	有清晰的开头、中间和结尾;合理安排段落;使用了连接词,衔接连贯,行文流畅

（续表）

	有很大进步空间	达标	优秀
书写	字迹不清晰，书写不工整，难以辨认；有涂改痕迹；字数不足	字迹清晰，书写工整；无明显涂改痕迹；字数略少	字迹清晰，书写优美；无涂改痕迹；字数符合要求

2. 在写作过程中，鼓励学生依据量规"照镜子"

量规就像一面镜子，学生可以逐条对照量规的描述，去审视自己的作文，开展自我评估。通过对照，学生不仅会发现自己作文中的问题，而且会得到如何改进的信息，明白自己的努力方向和提高路径。

3. 在写作结束后，使用量规开展同学互评

写作后，可以用量规开展同学互评。对照量规，作文的优劣一目了然，学生可以再次发现写作中的问题，也能明确今后努力的方向。同时，这样的评价更加客观、公正，效率也高。

仅用一般量规作为评价工具还不够，我还尝试设计了关注学习进步过程的量规（见表5-12），用其帮助学生监控学习过程，保持学习动力，调试学习策略，使其成为帮助学生学习的重要工具。

表5-12 作文改善量规

我进步了吗		
好像尚未进步	进步了	飞跃了
我依然不会审题，或者由于我的语法、词汇太差，无法写出符合题目要求的内容	我学会了读题、审题和构思作文内容的策略，但有时受限于语法、词汇基础薄弱，作文内容不太充实，中心不明确	我学到了很多有效的读题、审题和构思作文内容的策略；语法、词汇基础扎实，所以能用外语完全表达出我想论述的内容，使文章内容更加丰富饱满

（第一列标题：内容）

(续表)

	我进步了吗		
	好像尚未进步	进步了	飞跃了
词汇	尽管我模糊地认识到自己在词汇使用上存在不足，但依然不知道借助何种学习工具来扩充词汇、改善作文	我意识到自己在词汇使用上的不足，能找到相应的学习工具改善，但在词汇的扩充方面仍然被动，不懂如何进一步扩充	我清晰地意识到自己在词汇使用上的不足，借助学习工具扩充了词汇，改善了作文；此外，我主动尝试有体系地对作文里的词汇进行延伸和扩充
语法句型	我没有意识到老师批注的语句有怎样的语法错误，对涉及的语法知识点认识不清，也不知道借助哪些学习工具来修改语法错误	借助老师的批注，我意识到了语法错误，并参照学习工具对错误进行了修改；但如果脱离学习工具，我没有把握确定自己完全掌握了语法知识	我能借助老师的批注与学习工具修改、完善语法句型，并能将这篇修订后的作文本身作为学习工具之一，独立自主归纳作文中的语法句型，巩固语法知识
文章结构	我没有意识到我的文章结构有怎样的缺陷，需要老师的帮助	我意识到文章结构有哪些不足，并能修正文章结构；但对文章结构的构建缺乏宏观了解	我意识到文章结构有哪些不足，并能修正文章结构；同时也观察、习得了同一类型作文的结构范式，并能举一反三
书写	我不知道自己在书写上有哪些不足，不知道如何改善	我知道自己在书写上有哪些不足；能在老师的指导下有意识、有目的地进行书写，但不能自己做到	我明确知道自己在书写上存在的不足，能借助书写练习工具自我改进，并且能在日常学习中有意识地进行书写

与传统的写作教学模式相比，量规的应用有诸多益处。

第一，可以使学生的写作目标具体化，范文可以使量规可视化。

第二，清晰的表现质量描述，使评价标准公开化，可以减少评价的随意性和主观性，使评价更加客观。

第三，可以减少教师评价作文的时间，使教师更容易向学生解释所给层级的理由，并指导学生如何才能获得进步。

第四，可以更加明确地反映写作中的问题，使教师更准确地了解学情，及时调整教学。

三、使用量规的实践误区

使用量规进行写作教学时，有三个问题值得注意。

第一，要有持续性。只有这样，学生才能不断强化标准，教师才能观察到学生的进步。

第二，要关注学情差异，适当调整量规的设计。比如，上文表5-11是一种普适性、基础性的外语作文量规，适合外语水平为初级至中级的学生。随着学生水平的不断提高，量规也要调整。

第三，量规不是越多越好，也不是看起来像量规就有效。比如，有的量规聚焦学习任务，而没有聚焦学习目标。

》刘婕

参 考 文 献

[1] 马扎诺，皮克林. 培育智慧才能：学习的维度教师手册 [M]. 盛群力，何晔，张慧，等译. 福州：福建教育出版社，2015.

[2] 哈蒂. 可见的学习（教师版）：最大程度地促进学习 [M]. 金莺莲，洪超，裴新宁，译. 北京：教育科学出版社，2015.

[3] 莫斯，布鲁克哈特. 聚焦学习目标：帮助学生看见每天学习的意义 [M]. 沈祖芸，译. 福州：福建教育出版社，2020.

[4] 威金斯，麦克泰格. 追求理解的教学设计：第二版 [M]. 闫寒冰，宋雪莲，赖平，译. 上海：华东师范大学出版社，2017.

[5] 布鲁克哈特. 如何编制和使用量规：面向形成性评估与评分 [M]. 杭秀，陈晓曦，译. 宁波：宁波出版社，2020.

[6] 希尔. 设计与运用表现性任务 [M]. 杜丹丹，杭秀，译. 福州：福建教育出版社，2019.

[7] 卡尼曼. 思考，快与慢 [M]. 胡晓姣，李爱民，何梦莹，译. 北京：中信出版社，2012.

[8] 里琪. 可见的学习与思维教学：让教学对学生可见，让学习对教师可见 [M]. 林文静，译. 北京：中国青年出版社，2017.

[9] 万维钢. 学习究竟是什么 [M]. 北京：新星出版社，2020.

[10] 费希尔，弗雷. 势不可挡的学习：释放学生潜能的 7 个基本要素 [M]. 龚朝红，译. 南京：江苏凤凰科学技术出版社，2020.

后　　记

2020—2021学年度，我有幸担任十一学校教育家书院院长。虽然我对书院工作比较了解，但学校正处在"从教到学"的转型期，在这个关键节点，如何更有效地帮助教师，助力教师专业成长，是我面临的一个重大挑战。

"读书沙龙"是书院为教师搭建的专业成长平台，为教师拓宽视野、更新观念提供了很大帮助。在课堂深度变革的今天，很多教师已经不缺少先进的教育理念，他们缺少的是知行合一的教学实践，缺少的是在课堂上指导学生深度学习的有效工具，缺少的是在课堂上落实核心素养的具体方法。

为此，我们将读书沙龙的侧重点从"阅读""研讨"转向了"实践"与"问题解决"。从阅读书目的选择、阅读过程的组织到阅读成果的梳理，都紧紧围绕课堂实践展开，聚焦课堂的真实问题，直面课堂转型的难点和痛点。

在这一过程中，教师反思教学，剖析课堂，查找问题，提出困惑，从阅读中汲取营养和智慧，从书中寻找策略和方法，并在课堂上反复实践，不断探索、优化、创造。十一学校教师强大的学习力、反思力让阅读的内容不断内化，让书中提供的建议与方法不断在课堂上落地。聚焦学生的学习，落实核心素养的难点，借助阅读的力量被一个个攻破。更难能可贵的是，在这一过程中，教师看到了自己的课堂不断进步的路径，学到了让学生的学习越来越有效的方法，掌握了帮助学生学会学习的基本工具，丰富了自己的课堂实践手册。

在一次次反复实践中，大家积累了大量的素材。这些素材既有不断优化的教学策略，也有不断迭代更新的工具方法，更有教师对教育改革的深入理解以及对课堂教学的新认知。这些丰富的素材，同样是教师进一步学习的珍贵资源。源创图书的张万珠先生希望我们能对这些素材进行梳理总结，以此来帮助更多走在变革路上的教师。

实践证明，从"知"到"行"有方法，有路径，有工具，更有"十一教师"在课堂上的亲身实践。希望《学以致用的教师阅读》这本书能帮到您。

感谢参与阅读与实践的所有教师！感谢学校为我们提供的各种帮助！

王春易

2022 年 11 月

图书在版编目（CIP）数据

学以致用的教师阅读／王春易主编．--北京：中国人民大学出版社，2023.1
ISBN 978－7－300－31294－1

Ⅰ.①学… Ⅱ.①王… Ⅲ.①阅读教学—教学研究 Ⅳ.①H09

中国版本图书馆CIP数据核字（2022）第245093号

学以致用的教师阅读
王春易　主编
Xueyizhiyong de Jiaoshi Yuedu

出版发行	中国人民大学出版社			
社　　址	北京中关村大街31号	邮政编码	100080	
电　　话	010－62511242（总编室）	010－62511770（质管部）		
	010－82501766（邮购部）	010－62514148（门市部）		
	010－62515195（发行公司）	010－62515275（盗版举报）		
网　　址	http://www.crup.com.cn			
经　　销	新华书店			
印　　刷	北京华宇信诺印刷有限公司			
规　　格	168 mm×239 mm　16开本	版　次	2023年1月第1版	
印　　张	14.25　插页1	印　次	2023年1月第1次印刷	
字　　数	180 000	定　价	68.00元	

版权所有　　侵权必究　　印装差错　　负责调换